私、『おもてなし』で一番になると決めたからネ

～感動サービスを実践する！～

接客・サービスの翻訳者
西川 丈次 著
Joji Nishikawa

はじめに

「おもてなしで一番になる！」

素晴らしいことをイメージされましたね。そして、そんなあなたが、心を惹かれるたくさんの本の中から、この本を手に取っていただいたことに感謝です。

本当にありがとうございます。

偶然かもしれないこの小さな「出逢い」が、これからのあなたのお仕事や、人生においての大きな変化のきっかけとなればうれしく思います。

おもてなしで一番になる！　と決めたあなたにちょっと質問しますね。

1. 雨が降る日にお越しくださったお客さまに、あなたができるおもてなしとは？
2. お客さまが怒っていらっしゃいます。あなたはどう対応しますか？
3. 困った顔をされたお客さまが目に止まりました。あなたはどんな声をかけますか？
4. ご予約の電話を受けました。あなたは何を意識して応対しますか？
5. お客さまと楽しい会話ができました。次にあなたはどんな行動を取りますか？

「おもてなしで一番になる！」ために必要なことは、たくさんの事例を知ることです。

そして、その行動に、ただ感動したり、「そんなことだったら、私もやっている」と行いの表面だけを捉えるのではなく、その行動の元となっている「根っこ＝想い」を正しく理解することが最も大切なのです。

本書に登場する事例の「根っこ」の数々について、私には「こう活かせる」、私にも「こんなこともできるかもしれない」とワクワクしながら、あなた自身の仕事に置き換えながら読んでもらえたら、こんなにうれしいことはありません。

そして、すぐに実行してください。やれば上手くできるようになります。工夫も生まれてきます。

頭の中だけで「あーだ、こーだと考えていても、1ミリも前進はしません。まずは実践してみましょう！

「接客・サービスの翻訳者」として、日々各地での講演や研修などで話をしている著者が出逢った**60の「感動サービス」**の実例です。

「おもてなしで一番になる！」という皆さまの夢の実現を応援させていただきます。

目次

2章　気付いていますか？　目の前の「おもてなし行動」に

～「良いお客さまになる」からはじめる～

3章　ビジネスとおもてなしの「目的」を正しく知る
〜目的を正しく知れば、目の前の行動が変わる〜

4章　当たり前を壊して進歩から「進化」へ
〜できるところからではなく、思い切ったジャンプが必要〜

5章 「行動」に想いをプラスして『考動』に変える
~毎日のその行動を立ち止まって考えて、進化させる~

6章　プラスの言葉が「もの」を「こと」に変えるおもてなし

～使う言葉でおもてなし行動の価値が高まる～

7章 お客さまを守るおもてなし

～感動は、お客さまを守るという想いが創り出す～

8章 あなたが主役のおもてなし

～それぞれの立場で今日を変える～

9章 出逢う前から始まるおもてなし
~準備が現場のおもてなし力をより高める~

10章　上位客を逃さないおもてなし

~創客後のおもてなしがビジネスを広げる~

序章

私が実際に体験した一つの物語です。

それは銀座にある「小十」という日本料理店でのこと。日本料理店やお寿司屋さんにとって、料理人を目の前に食事をいただくカウンターテーブルの天板は宝であり、とても大切にされているものです。

福岡にある「やま中」に伺った時にも、大将から「もし火事になったら、この板を持って逃げますね」と聞いたことがありますが、その「小十」でも「やま中」と同じように分厚い一枚板が使われていました。

そこで、私は腕にしていた時計を外しました。大切な板に傷を付けないための客としてのマナーです。同時にその時計をどうするか、いつも迷っていました。

普段は、ポケットに入れますが、ポケットが膨らみ生地が伸びてしまったら、嫌だなぁと思っていました。その時も一瞬そう思いましたが、時計を外す動作に気付いた大将が、次の瞬間に新しいナプキンをテーブルに置きながら、小さな声で「どうぞ、こちらに！」と微笑んで下さったのです。

これは素晴らしい。きっと今日は楽しい時間を過ごせるぞ！　とワクワクしてきました。さらに、ご一緒していた人が、このやり取りに気付き、「何があったのですか？」と、とても素直に、勇気を出して質問してきました。

そして、この「出来事」を理解すると、「これがおもてなしなんですね。西川さんといると、何気ない行動にも深い意味があることに気付かされます」「他にどんなおもてなしを体験されました？　ぜひ、教えて下さい。それを私も自分の仕事に置き換えて、お客さまにもっと喜んでいただけるサービススタッフになりたいと思います」とお願いされました。

わかりました。では、少し長くなりますが話しますね。

この本を手に取ってくれたみなさんも一緒にゆっくりと、「感動サービス」の実体験の話をお楽しみ下さい。まずはこの話から……

注日本料理店「小十」にご一緒した女性（ＡＩ子さん）の言葉を、60の〈実例〉の後に、「**まとめ**」として書き進めていきます。

彼女の**気付き**と共に読者の皆さんも私の実体験からのおもてなし行動の根っこを深く理解いただけたら幸いです。

ＡＩ子さんとは、進化するＡＩ技術です。いろんな情報を蓄積して進化を続けています。私たち「おもてなし」を提供する「人」が負けてはなりません。顔晴りましょう。

1

おもてなしに必要なものは「感じる力」

～見過ごしている日常の中に、
おもてなしを実行する機会はたくさんある～

それは、ある日の終電近い山手線の中で起こりました。翌日の仕事の関係で、大阪空港から羽田空港に最終便で移動して、モノレールから宿泊するホテルに向かうために山手線に乗っていた時のこと。

混んでいた電車でしたが、私は座ることができました。ふと前を見ると、大学生風の人が本を読んでいます。本好きな私は、今どきスマホではなく本を読んでいる彼に好感を持ちました。

少し先に行った駅でこの感動の物語が始まる二人の男性が乗って来ました。大きな紙袋を持った若い人と年配の人。

二人並んで座る席が空いていなかったので、入り口近くに立って話をしていました。それからまたしばらく、ゴトゴトと電車はいくつかの駅を過ぎて行きました。

そして、若い男性が下りる駅に到着したのでしょう。手に持っていた大きな紙袋を年配の男性に渡して、「ありがとうございました」とお辞儀をして降りて行きました。

その駅で、本を読んでいた大学生の隣の席が空いたので、年配の男性はそこに座り、受け取った大きな紙袋を膝の上に置いて、大事そうに両手で抱え込むように目を閉じていました。

また電車はいくつかの駅を過ぎた後、ある駅で、私の前に座っていた大学生が立ち上がりました。いよいよ彼の降りる駅に到着したようです。

読書をする彼に好感を持っていた私は、「またいつか逢えたらいいですね。顔晴れ！」と心の中でつぶやいたその瞬間のことです。

座席を立ち上がった彼は、出口に向かう前に立ち止まり、回れ右をして隣に座っていた年配の男性に向かって深々とお辞儀をしながらこう言ったのです。

「長い間お疲れ様でした」

たまたま同じ電車に乗り合わせ、たまたま隣に座った見ず知らずの人に投げかけられたその言葉に、私は思わず驚きました。そして感動していました。

向かいに座る私の位置からは、年配の男性が持つ紙袋から顔を出す花が見えていました。想像ですが、恐らく今日定年退職を迎えたこの人が、仕事仲間に送別会を開いてもらい、皆さんからたくさんのプレゼントをもらったのでしょう。たまたま同じ電車に乗る職場の若い人が、「持ちましょう」と自分が降りる駅まで紙袋を持っていたのではないでしょうか。


私より近くにいたので、二人の会話が聞こえていたのかもしれませんが、その大学生はきっと何かを感じたのでしょう。

そして、自分が下りる時に、一つの仕事人生を終えた人生の大先輩に対して、最幸の言葉を残したのです。

彼が降りて行った後のこと。年配の男性は、ゴトゴトと音をたてて走る電車の中で、向かいに座る私にもはっきりと聴こえる様な大きな声を上げて泣かれたのです。

私にはその光景が滑稽な姿ではなく、かっこいい姿に見えました。その大きな泣き声に思わずもらい泣きをしてしまったくらいに…。

すると、私とひじが触れ合っている隣の人が震えているのです。ふと横を見ると、その人も顔を真っ赤にして涙を流していました。周りを見渡すと同じように何人もの人が涙を流していました。

あの大学生が発したたった一言が、その日その電車にたまたま乗り合わせた人たちに、忘れられない時間を創り出したのです。


「最近の若い人は…」ってよく耳にしますが、若い人がダメなわけじゃないんですね。アンテナを高くして、いろんなことに興味を持って「感じる力」を養うことが大切だなと感じました。目の前を通り過ぎていくチャンスをしっかりと掴まないともったいないですからね。

でも、その学生さんってすごいですね。おもてなしって、きっとこういう心のこもった言葉や行動を言うんですね。

2

おもてなしに必要なものは「実行する力」

~お客さまの笑顔が見たいという強い想いと
その実行が感動を創る~

弊社、観光ビジネスコンサルタンツの創業10周年の記念セミナー&パーティーをした時のこと。

セミナー会場は、私をいつも素敵な笑顔で温かく迎えてくれる東京ステーションホテル。

お招きした特別ゲストには、尊敬する師でもある元リッツカールトンホテル日本支社長の高野登さんと東京ステーションホテルを大好きなホテルにしてくれた岡泉幹雄さん。

そして、パーティー会場は、数々の感動サービスを実践する、私にとっては大切なレストラン

「Casita カシータ」。移動には、研修も担当させていただきこの会社であれば大丈夫と最も信頼するＫＭタクシー。

娘も応援に来てくれる中、絶対の信頼を寄せるスタッフたちのお陰で、緊張しながらも楽しんでもらえたであろう時間が過ぎて行き、クライマックスに差しかかった頃のことです。

「少しだけ時間をもらって良いですか？」と、カシータ店長の高橋健斗さんから声がかかりました。何があるのだろうかとワクワクしていたら、会場にあったスクリーンにビデオが流されたのです。

それを観て、驚き、大泣きしてしまいました。

それは、パーティー開催の約一ヶ月前の、手に持ったＪＲ切符のクローズアップシーンから始まりました。

品川駅から新幹線に乗って、向かう先は新大阪。そして、大阪メトロを乗り継いで、降り立った場所は何と弊社事務所のある駅でした。

「迷ってしまったので、ちょっと休憩。ここでたまに丈次さんも休憩されているのかなぁ？」と、ナレーションの声は、健斗さんです。

次のシーンは、なんと弊社事務所の扉の前。

その日は、1月7日。弊社の創業記念日、まさにその日でした。

忙しい中をわずか10分ほどのビデオを用意するために、大阪まで時間とコストをかけてわざわざ来てくれたのです。ひょっとするとパーティーの進み具合や雰囲気では、流すことができなかったかもしれないビデオを撮るために。

無駄になるかもしれない。そんな時間は取れない。めんどくさいじゃないか。そこまでやらなくても喜んでもらえるだけのサービス力を私たちはすでに持ち、実行しているではないか。いろんな想いと葛藤があったのではないでしょうか。でも、その瞬間の笑顔のために、期待を遥かに超えるサプライズでした。


ある年の冬、営業を終えて、店舗の掃除をしている時「長野に今年初めての雪が積もりました」とのラジオの声に、スタッフみんなで夜通し車を走らせて、雪を取りに行き、翌日の営業時に、まだ雪が降っていない東京のお店のテラスに雪だるまを作ってお客さまを驚かせたというか「レストラン カシータ」のエピソードを聞いたことがあります。

お客さまの笑顔のためには、どこまでも考えて、即実行する人たちのおもてなしに、本当に感動した瞬間でした。

「ちょっと扉を開いてくれれば、私はその日そこに居ましたよ」と言うと、

「それではおもしろくないじゃないですか！」と最幸の笑顔を見せてくれた健斗さんに心から感謝です。

わぉ！ 私もそんなサプライズをしてみたいです。でも、思っているだけではダメなんですね。実行しないと何も生まれないし、変わらないんですね。

ついできないという「やらない理由」ばかり考えてしまうんです。まずはやってみる。やり続ければうまくできるようにもなりますし、いろんな改善をしてもっと良い、喜んでもらえるおもてなしができるようになるんですね。

3

おもてなしに必要なものは「勇気」

～恐れずに、嫌がらずに、
あきらめないで勇気を持って行動する～

まだ今ほどスマホが普及していなかった頃のこと。臨月を迎えている知人に尋ねてみました。

「町に出かける時に、どのくらいの確率で電車やバスの席って譲ってもらえる？」

すると彼女から驚くような答えが返ってきました。

「そうですね。10回機会があると、2回か3回くらいかなぁ。3回あったら、今日は良い日だったと思える」

「おもてなしの国日本といわれる社会でたったそれだけ?」と信じられない回答。それではと、私も電車に乗ることにしました。
そして、つり革につかまりながら、その瞬間を待ちました。

周りに座っている人たちを見てみると、流れる外の風景をぼんやりと見ている人。本を読んでいる人。中刷り広告を見ている人。それぞれの人が、それぞれの過ごし方をしていました。
いくつか行った駅で、ようやく席を必要とする人が乗って来ました。年配の人でした。座る席が空いていないかとキョロキョロしていました。

誰か席を譲ってくれないかなぁと思って周りを見てみると、先ほどまで本を読んでいた人までが、本を閉じて目をつぶり寝たふりを始めたのです。その隣で外を見ていた人も、中刷り広告を見ていた人も…。

「何だこの光景は?」と、腹立たしさを感じたものです。しかし、次の瞬間に、実は安堵しました。その光景を私なりに理解できたのです。

そういう時に取らなければならない行動を誰もが分かっているのです。しかしできないのです。満員の電車の中で、少し離れたところに立つ、例えば年配の人に「どうぞ！」と大きな声を出して席を譲ることができないのです。

大きな声を出せば、周りの人からの視線を集めることになります。それに耐えられないのです。ひょっとすると以前に声をかけ、断られた苦い経験や恥ずかしさを感じたことがあるのかもしれません。

しかし、声をかけることができない自分自身を認めたくない気持ちが、席を必要とする人の存在に気付かなかったことにしてしまう行動を取らせていたのです。

それに気付いた時に、「大丈夫だ、日本は」と思いました。

必要なことは何か？　が分かったのです。それは、「勇気」です。

感動サービスを創造するために必要なものは、「勇気」です。何をすれば目の前の人が笑顔になってくれるか。どうすれば感動サービスが提供できるかは分かっている。

そして、それを実行するスキル（技術）も持っている。後は、それを実行する「勇気」が必要なのです。お客さまに喜んでもらいたいという強い想い。「本気さ」なのです。

分かります…。私もそうなんです。ついつい周りの目を気にして、こうしてあげたいと思っても、勇気が出せなくて、いっぱい悔しい想いをしました。
そうか、おもてなしって、心の中に浮かんだことを、すぐに言葉にしたり、行動することで出来るようになるんですね。私にも出来そう。なんか勇気が出て来ました。

感動サービス（おもてなし）＝（感じる力＋実行する力）×勇気（想い）

1. どんな場面で、どんなおもてなしができるのか？　いろんな体験をすることで感じる力を育てて「知っている」ことを増やすこと。

2. 知ったことを実行するための「やり方」を学び、実行力を高めること。

3. 後は、「勇気」を出して現場でやってみること。この強い想いがなければ、掛け算ですから、すべては「0」になってしまいます。

最幸のおもてなしを実行するための「勇気」という鍵を手に入れる旅に、これから一緒に出発しましょう。

1章

寄り添う想いを持っておもてなし

~お客さまに真剣に向き合うからその行動が輝く~

4

サービス業の仕事は「高い満足の提供」ではない

〜とても満足した。機会があればまた利用したい〜

ある日、クライアント企業に届いた「お客さまからの声」。

経営者の方が微笑みながら見せてくれたその手紙には、次のような言葉が綴られていました。

「お世話になりました。大変満足しました。おかげで素晴らしい時間を過ごすことができました。機会がありましたら、また利用させていただきます。ありがとうございました」

私たちが共に目指し、トレーニングを積み重ねて来たサービスに満足をしてくれたという「お客さまからの声」。

私たちは、お客さまからこの様な素敵な言葉をもらうために日々努力してきたのです。

時には、悔しさに涙したスタッフもいました。「本当にここまでしなくてはいけないのか」あるいは、「どうすれば喜んでもらえるのか」と真剣に悩み苦しみ、多くの時間を過ごしてきました。

そして、ようやく喜んでもらえるサービスが実行できたのです。本当だったら飛び上がるくらいにうれしい言葉です。しかし、私はこの手紙の中にある一つの言葉が、どうしても気になり、素直に喜べませんでした。

それは、「機会がありましたら」という言葉です。どんなに喜んでもらっても、再利用してもらえなければ、それはビジネスではないと常に私は言っています。

「たった一度の機会に、どれだけの感動や満足を提供できても、次がなければそれはビジネスとは言えない」と。

確かに厳しい言葉かもしれません。利用いただいたその機会に、最幸のサービスが実行できて喜んでもらえたら、それがサービス業の仕事ではないかという声も聞きます。

しかし、サービス業とは、もっと楽しく、やりがいに満ちた尊い仕事だと思います。

それは、たった一度の出逢いで、繰り返し利用いただける生涯のお客さまを創り出す。「創客」を目指すという誇り高い仕事です。

「機会」がなければ、再び逢うことのできない仕事に満足していてはいけないのです。

あるお寿司屋を出た時のこと。大将の接客が気に入ったので、思わず「また来ますね！」と言いました。

すると「皆さんそう言われますが、いらっしゃる人って少ないんですよね」と苦笑い。

一緒に行った友人が「この人なら大丈夫です。来るといったら本当に来ますから。」と。もちろん数ヶ月後にその店に行くために用事を作って行きました。来ると言っても本当に行く人って意外と少ないのかもしれません。「機会」を創ってでも、また来て下さるお客さまを創造することがビジネスそのものなのです。

セミナーで、こんな一つの事例を話しました。

一日のコンサルティングの仕事を終えて、夜の電車で大阪に到着した頃に、携帯電話に着信がありました。数時間前に駅まで見送ってくれた人です。

「無事に、大阪に到着されましたか？　雨で電車が不通になったというニュースを見たので、心配になりまして…」という連絡でした。

私たちサービス業に携わる者は、誰もがお客さまの再利用を願っていますが、その想いを行動に移しているのか？　お客さまと対面している時だけが、おもてなしを実行する時では決してないのです。

今日、お帰りになった宿泊客は、無事にご自宅に戻られただろうか？　気になりませんか？　もう終わった仕事だと思っていませんか？

そんな話をすると、セミナーに参加された人が「私は、大雪が降った日に、お帰りになった方が心配で電話を入れたら、本当に喜ばれて、次のご予約をいただいたことがあります」と話してくれました。

そうです。一本の電話が、その機会を創造するきっかけとなるのです。

そんな手紙をもらったら、しめしめと喜んでしまいます。上手くできるようになったと自信満々になって、今のままで大丈夫と思ってしまうかも…。

そうか、おもてなしが成功したかどうかは、次の利用があってはじめて分かるのかもしれません。それが西川さんがよく言われる「おもてなし経営」の本質なんですね。

5

正しい行動も、想いがなければ不快感をつくる

〜サービスの劣化を生み出した原因〜

2013年9月。アルゼンチンのブエノスアイレスで開催された総会で、56年振りとなる東京オリンピックの開催が決定しました。

その時のプレゼンに、記憶に残るシーンがありました。

滝川クリステルさんのスピーチです。そしてこの時に世界に向かって、日本には世界に誇れる「おもてなしの文化」があると発信しました。それ以前からマスメディアでは、日本のサービス

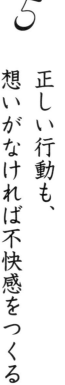

業のサービスは、過剰であると言われていました。世界に誇れるおもてなしの国。過剰とまで言われるサービス先進国の日本に、私たちは一消費者として暮らしています。なんて幸せなことでしょう。

東京でのオリンピック誘致に成功して以来、私は変わる日本のサービス業界を注視してきました。そして、感じたことは、どんどんと劣化するサービス業界への憂いでした。

安心しきって手を抜いた訳では決してありません。それどころか、政府のインバウンド政策とも重なり、多くの企業がサービス力の向上に努めてきました。

そのやり方を間違った結果が、今の違和感のあるサービス業界を創造してしまったのかもしれません。

ある日の出来事。電車を降りて、改札階に向かうエスカレーターに乗っていると、「ありがとうございました」という声が聞こえてきました。

長年この電車を利用していますが､はじめてのことです。改札階に着くと､改札口の両側に立ったスタッフが、手を美しく組み、笑顔で声を発しながら、背筋を伸ばして、30度の角度でゆっくりとお辞儀をしながら、利用者にお礼を言っていたのです。

その素晴らしい行動をもうしばらく見ていようと、改札に向かう流れから外れて見ていました。少しすると、私の目の前を一人の女性が歩いて行きました。あっと思い、その人を追いかけましたが、間に合いませんでした。しかし、両側に立つスタッフたちは、その人にも笑顔で、同じように「ありがとうございました」と声をかけていたのです。

これがこの数年で創られてきたサービス力です。私の前を歩いて行ったその人とは、小さな赤ちゃんを片手に抱っこしたおかあさんでした。もう片方の手には、大きなボストンバッグを持っていました。

読者の皆さんにはもうお分かりいただけますね。このおかあさんは、どうやって塞がった両手で改札を通るのでしょうか？　一歩、二歩、おかあさんのそばに行って、「お手伝いしましょうか？」　とボストンバッグに手を差し伸べることができたら、ポケットからＩＣカードを出す手が空いたはずです。

残念ながら、スタッフたちはその瞬間、その行動が取れなかったのです。研修で学んだ笑顔と発声、お辞儀の仕方などは完璧にできていたと思います。しかし、それを完璧に実行することがスタッフの仕事だったのでしょうか？

目の前のお客さまに寄り添う想いがなければ、その行動から生み出されるものは何もないのです。

私も会社で、マナー研修を受けましたよ。厳しかったなぁ～。三角定規を持って来られて、お辞儀の角度を何度も練習させられました。でも、それを上手く実行することばかりに一生懸命になっていて、お客さまをちゃんと見ていなかったかもしれません。

形より心を育てないと、本当のおもてなしはできないってことですね。反省、反省。

お客さまをしっかりと見て、「感じる力」を育てることが大切なんですね。

6

始めた時の想いを忘れないでやり続ける

〜「感動サービス」がなくなりお客さまを失くす企業〜

「このサービスに、このおもてなしに、感動した。だから必ずまた来よう！」と胸に刻んだ企業やお店がたくさんあります。

ついでがなければ、機会をつくってでも行ってみようと再び訪れたお店。ところが、あの時の感動が感じられないという体験が少なからずあります。

そのサービスやおもてなしに初めて触れた時には感動したが、2度目なのでそう感じたのかというと、決してそうではありません。

「マンネリ化した」という言葉をよく聞きます。マンネリ化の正体は、サービスやおもてなしを実行、提供する側の「心の飽き」が正体です。

そのサービスやおもてなしに、お客さまは感動しているのですが、毎日繰り返すサービスやおもてなしを実行するサービススタッフがその行動に飽きてしまうのです。

つまり、一つひとつの行動に強い想いを込めることができなくなってしまうということです。

一見同じに見える行動であっても、相手を想う心を失くした行動に感動できるはずがないのです。

かつて感動した企業に共感できなくなる原因は、そこにあります。

しかし、それとは別に、時代の変化と企業の成長によって、感動サービスがなくなってしまう企業もあります。あんなに心がときめいていたお店に行っても、笑顔は変わらないのに、なぜか寂しさを感じるといった経験を多くしました。

それは、仕方ないことなのでしょうか。明確な意思を持って変わったのであれば、それは理解もできます。ただ私にとってその店に行く価値がなくなったに過ぎません。

企業はお客さまを選んで良いのです。万人に評価されようとすればするほど特徴のない企業になってしまいます。私とは違う価値観を持った人を新しいお客さまにしようと決めたのであれば、「がんばって下さい」と応援しながらも、私は別の企業を探せば良いのです。

しかし、それとは別に、いつの間にか感動サービスがなくなってしまったことに気付いていない企業があったとしたら、とても残念なことです。気付かないうちに失われる企業価値です。

なぜそのようなことが起こるのか。一つに、その価値の重要性に気付いていなかったことがあります。長年やってきたサービスだけど、手間がかかるし、もうそのサービスがなくてもお客さまは来てくれるだろうと思ってしまうこと。その判断が、スタッフの行動に大きな変化を起こすのです。

航空機内でCAが名前を呼んでくれるサービスがありました。会員数が増え、また多くのお客さまの前で名前を呼ばれることに苦情を言う人が出て来たそうです。

その時に、航空会社が選んだ道は、すべての人を「お客さま」と呼ぶという方法でした。これまで、お客さまの名前を間違わないように、そして一人でも多くの人の名前を呼んで差し上げたいと努力を続けて来たCAに、その必要性がなくなったのです。

そして、一人ひとりのお客さまへの興味関心が薄れ、研修などで身に付けた美しい所作で、笑顔あふれるサービスをすべての乗客に実行するという自身の行動にだけ意識を集中すれば良くなったのです。

その結果、何が起きたのか…。定員以上のお客さまを航空機に乗せて、ブリッジを離れてしまうという事故が起きたのです。残念ながら私の親しい方々も、最近はサービスが悪くなったと言って、他の航空会社を選ぶ方が増えてきました。

あるある。以前は良かったのに、次に行った時には、その感動がなくなってしまっているってお店。スタッフが代わったからかなぁ～と思っていたんですが、それだけじゃないんですね。

人は同じでも、やりはじめた頃の情熱がなくなったり、店長さんがお店の都合でサービス内容を変えてしまって、想いが弱くなるってこともあるんですね。私は強くならないといけませんね。

7 おもてなしは利益につながる

～安く売るのではなく、高く売る
「人」のおもてなし力でリピーターを創造～

クライアント企業で毎月、各支店長に集まってもらい、「おもてなし行動による売上げアップ研修」を実施しました。

「西川さんが言われていることを、私は実体験した。信じて、取り組め！」と担当部長が、ある日の会議で語ってくれました。

その人は、マラソンを始められました。日本各地で開催されるマラソン大会にもエントリーをして、参加しています。

逢う度に「完走できました」「タイムが上がりました」などうれしそうに話してくれる姿に、本当に素敵な人だと思っていました。


そんな時に、あるシューズのうわさを聞いて、早速ネットで検索したそうです。

「このシューズが欲しい！」一目見て、惚れ込まれたのです。それなりの価格だったことと、次の大会で履きたいので、サイズが合わなくては困ると、次の休みの日にメーカーのショップを訪ねたそうです。ショップで履いてみて、ぴったりのサイズさえ分かれば、後はネットの方が安く買えると考えながら…。

お店に到着して、店員にそのシューズ名を伝えると、すぐに試着させてもらえました。

「いかがですか?」と、プロとして、履き心地をいろんな角度から質問し、最終的にこのサイズがぴったりというシューズを選んでくれたのです。

とても満足し、ネットで注文し、届いた時の感動を頭の中で思い浮かべていたその時に、さらなる質問がありました。

「お客さま。マラソンはどのくらいのご経験がありますか？　どのくらいのタイムで走られるのですか？」と。それに答えると、「そうですか…お客さま、大変申し訳ありませんが、このシューズは、お客さまには合いません」

驚いて、なぜかと問いかけると「なぜならば…。恐らくこのシューズで走ると、○○キロ辺りで、走れなくなります」と。

そして、別のシューズを提案してくれました。ひょっとすると、さらに高額なものを提案されるのではないかと考えたのですが、そのシューズは、あこがれていたシューズよりずいぶんと安いものだったそうです。試してみると、確かにしっくりとくるシューズでした。憧れのシューズではなく、これにしようと思った時に、さらに店員の提案は続きました。足のこの辺りに水膨れができたりしませんか？　このシューズに、ぜひこのソックスを使ってみてくださいと。

まるで個人トレーナーの様に語りかけてくれる店員に、シューズ以上に惚れ込んでしまって、最終的には、予定していたシューズの価格以上に、あれこれと買い物をしてしまったようです。「西川さん、私は次も迷わずに、アシックスに行きますよ。これが、おもてなしの成果なんですよね」とニコニコと話してくれました。

商品を売る前に、「人＝自分」を売り込む。それは、自分の価値を語る自己アピールではなく、自分を信頼して、好きになってもらうことからスタートします。

その結果、ちょっとサイズの確認だけをしようと考えていたお客さまをリピーターにしてしまったのです。

実は、私にもスーツを買うならここでというお店があります。初めの出逢いは、「西川さんのお仕事でしたら、こちらの方が私は良いと思いますよ」と、「気に入ったスーツを売ってくれなかったお店」です。

商品を売りたい想いが、目の前のお客さまへの想いを超えてしまい、無理な販売に走ってしまったら、そのビジネスは、おもてなし経営から遠ざかってしまうのです。

お客さまを否定してはいけないと聞くことはありますが、本当にお客さまのことを考えての接客であれば返ってうれしいこともありますよね。その「人」が信頼できるとなったら、その人が進めてくれる商品も魅力的に感じます。

おもてなしってそんな力を持っているんだ。中途半端だと、お客さまを怒らせてしまいますし、利益につながらないとその行動から逃げてしまったりするんですよね。

8

おもてなしを実行する前後にもおもてなし

～出逢ってからがおもてなしのスタートではない～

2020年の仕事始めは、1月6日、大分県日田市にある旅館「うめひびき」での社員研修からでした。講演の依頼を受けて契約をした後のこと。担当の方から到着と帰りの列車の時間についての連絡がありました。

講演のスタート時間から逆算して、博多発の◯時の「ゆふいんの森号」に乗ってお越しください、ということでした。さらにうれしい言葉が続きました。

「おそらくこの列車は非常に混み合います。切符は、12月7日が発売日なので、その日の内に買われた方が良いですよ」

以前には、依頼主であるクライアント企業が切符を取って、事前に送ってくれることも多くありましたが、前後の業務の関係で自宅や事務所から出発することが少なくなったので、今では切符は、自分で手配をしています。

しかし、スケジュールの変更もあるために、間際での購入が多かったのです。今回もお正月時期であることや混み合う人気の列車であることは、意識の中になく、当日に買い求める予定で考えていました。アドバイスに従い、12月7日に切符を買いに行き、無事に往復の切符を手にすることができました。

さらに驚いたことに、担当の方が翌日の8日に再び電話をくれ「切符は無事に取れましたか？」と心配をしてくれたのです。

かつて伺っていたクライアント企業から、夜遅くにこんな電話を受けたことがあります。その日は、支援業務でその企業に伺っていました。業務終了後天候が悪く、乗った列車は遅れましたが、何とか自宅まで帰ることができました。

その直後の連絡でした。「無事に帰れましたか?」

また別の企業では、いつもはJRの駅に送ってもらうのですが、たまに次の予定地に向かうために空港まで送ってもらうことがあります。その日がそうでした。

しかし、道中強い風が吹いていました。「大丈夫だろうか? 飛ぶかなぁ? ここの空港は、山の上だったなぁ」と心の中で心配していましたが、空港到着後に「少しここで待ちますね。もし欠航とかでしたら、すぐに駅に送らせてもらいます」と。

いつもなら車を降りて「ではまた来月よろしくお願いします」と言葉を交わして別れますが、遠路遅い時間にもかかわらず、私のことを心配して待ってくれるというのです。

チェックインカウンターで尋ねると、搭乗予定の前の便は、空港に降りられずに、出発空港に引き返し、欠航になったということでした。「ご利用の航空機はまだ到着していませんが、後5分くらいで到着の予定です」とのこと。到着すれば出発できるということでした。

その後、航空機は無事に到着。「もう大丈夫です」との航空会社スタッフの声に、車に向かってOKサインを送ると、笑顔で大きくうなずかれました。ところがすぐに携帯電話に着信があり

「良かったです。でも、もし何かあったら、電話をください。まだしばらくはここに待機していますから」とのことでした。

ご縁をいただいたお客さまへのおもてなしは、出逢ってから別れるまでといった短い時間の中だけで実行されるものではありません。お越しいただく交通機関や宿を出発された後まで、大切なお客さまの旅に興味を持つことです。

その時間を一生懸命に過ごすからこそ、お客さまへの想いは高まり、おもてなし力が養われ、「創客」というビジネスの目的が達成できるのです。

お客さまと逢っている時だけが、おもてなしを実行する機会じゃないということですね。なんだか、たくさんチャンスの機会があることが分かってきました。そうした全てを通じてリピーター創りをしていかないといけないんですね。

お礼状を出すということなんかもその一つの行動ですね。時間がないとか、字が下手だからと言い訳して逃げていないで、書かないといけませんね。

9

お客さまは正確な回答だけを望んでいるのではない

～親身になれば「かける言葉」は自然に生まれる～

読者の皆さんの中に、携帯電話を失くしたという経験がある方はどのくらいいますか？　私も長年、携帯電話を使っていますが、かつて一度だけ携帯電話を失くした経験があります。その体験の話です。

出張からの帰りのこと。電車の中に携帯を置き忘れてしまいました。携帯電話が手元にない不安…。かつて体験をしたことがないような不安で恐ろしい、何とも言えない感覚でした。

新大阪で電車を降りてすぐに気付いたので、駅員に申し出ました。その電車は次の停車駅である京都が最終到着地でした。電車内の忘れものは、最終駅でしか確認できないというのが駅員からの回答でした。

座っていた車両も座席も分かっていたので、すぐにでも車掌に連絡を取って確認してほしいと伝えました。しかし、それはできないということでした。電車が京都駅に到着する数分がとても長く感じました。じっと待っていられません。「京都に行きます！」と駅員に言い残して、列車に飛び乗りました。「京都駅に到着したら、ここに行って下さい」と聞いていたホームの詰め所に向かいました。

しかし、携帯電話はありませんでした。膝をついて椅子の下まで一生懸命に探してくれましたが、見つからなかったのです。仕方なく、忘れ物センターの連絡先が書いてある紙を受け取って、帰りの切符を買うために肩を落とし改札に向かいました。

そこでふと、ひょっとしたら、拾ってくれた人が改札に届けてくれているかもしれないと思い、改札の駅員に声をかけてみました。

「届いていませんね」「他の改札口に届いているということはないでしょうか？」「では問い合わ

せてみましょう」と、その場でも一生懸命に連絡を取ってくれたのですが、やはり携帯電話を見つけることはできませんでした。

その間も大切な電話やメールが来ているかもしれないと、不安で不安で仕方ありません。翌朝一番で携帯会社に行き相談をしました。そして、1時間後には新しい携帯電話を手にできたのです。

ところが、なぜかアドレス帳が空の状態。しかし、アップルストアに行かなければ、その問題は携帯会社では対応できないということでした。アップルストアが非常に混み合っていることは知っていました。数時間後には出張に出なければならない中、取り急ぎアップルストアに行ってみたのです。

予想通りの混み具合に驚いていると一人のスタッフが私に気付いて声をかけてくれました。「何かお手伝いできますか？」と。とてもうれしい対応でした。

そして、「携帯を失くして…」と話した時に、彼が言った一言に私はその場で涙を流してしまったのです。

「それはお困りだったでしょう」

決して、この言葉を求めていた訳ではありません。しかし、彼に逢うまでに出逢った何人もの人たち…、確かに、その場その場で最善の行動を取ってくれました。一生懸命に。

しかし、彼が発したこの言葉。彼は不安で仕方なかった私の想いを共有してくれた初めての人だったのです。

感動！　そんな一言をかけられちゃったら、私も泣いちゃいます。お客さまの要望に答えるだけじゃなくて、心に応えないといけないんですね。そのためには、言葉の裏に潜んでいる真実に気付く力を持たないと…。

仕事をこなしているだけでは、それには気付けそうにないです。まさに「神の声」。そんな言葉を目の前のお客さまにかけられるようにするには…お客さまをちゃんと見て、何をして差し上げられるかを一生懸命に考えるクセを付けることですね。

2章

気付いていますか？
目の前の「おもてなし行動」に

〜「良いお客さまになる」からはじめる〜

10

名前を呼ばれる心地良さ

~何気なく受けているサービスの中に、
輝くものを見つける力を養う~

その日も、宿泊するホテルにタクシーで移動。

ホテルに到着すると、その「ホテルの顔」ともいわれるドアマンが颯爽と近づいて来ました。素晴らしい笑顔がそこにはあります。この瞬間が、私は大好きです。

一日の仕事を終えて、疲れた身体でホテルに到着した時に迎えてくれる人は、ゲストにとって本当にその日一日の締め括りのスタートを大きく左右する存在です。

しかし、「ここで良かった」と思わせてくれるホテルって、残念ながら意外と少ないものです。その点、ここは、安心できる数少ないホテルのひとつです。

「こんばんは。ようこそ、パークハイアットホテルへ」

「お客さま、お荷物はこちらで間違いはありませんか？」

そして、「チェックインでございますね？　私が、フロントレセプションまでご案内させていただきます」続いて、「ご予約のお名前をお伺いできますか？」と。

ここからです。

「西川です」と答えると、「では、西川さま、こちらへ」

エレベーターに向かいながら、「西川さま、今日は暖かい一日でしたね」と会話が続きます。

41階に到着すると、フロントのスタッフが待ち構えています。

そして、「西川さま、いらっしゃいませ。こんばんは」と、また素敵な笑顔で声がかけられました。

ホテルには、多くのお客さまが、いろんな目的でお越しになります。何人ものお客さまを記憶して、名前でお呼びするというおもてなしは、本当に素晴らしいと思います。

また、名前がごく自然に呼ばれると、その声音は、非常に心地良いものにすら感じます。

しかし、それを理解して実行に移そうとしても、なかなか名前を覚えることはできません。

それを、「覚えろ！」と根性論で言ってしまっては、おもてなしは前に進みません。その時の対応の仕方は、「分からなければ聞けば良い」なのです。


このホテルの素晴らしさは、名前を聞いた瞬間から、「お客さま」という三人称から、「西川さま」に代わり、その名前というバトンが他のスタッフにも引き継がれて行くところにあります。

決して、「名前さえ呼べば、お客さまが喜ぶおもてなし」だと勘違いしてはいけません。

「名前を呼ぶおもてなし」が効果を生むのは、「場」ができている時です。「名前を呼んでもらえてうれしい」と感じてもらえる関係が、目の前のお客さまとの間で創造できているかなのです。


私たちは、サービスを受ける側として、「自分の名前を呼んでくれている」ということに気付けているでしょうか？　不快に感じることばかりに気を取られないで、「自分が何となく笑顔になっている瞬間」を見逃さない様にしましょう。

受けるおもてなしの素晴らしさを、お客さまとしてしっかりとキャッチできないと「おもてなしで一番」になんてなれそうにないなぁ。お金を払っているのだからサービスをしてもらって当たり前みたいな横柄な態度でいたら、絶対に良い接客者にはなれないですね。

接客者としても、名前が呼べたらおもてなしが出来ているだなんて錯覚してもいけませんし、呼んで喜んでもらえる関係性をお客さまとの間で築くことこそが大切なんですね。

11

居心地の良い場所を自ら創り出す

～居心地の良さは、両者で創り出すハーモニー～

「あけましておめでとうございます」

えっ、もう3月も終わりですよ。「だって、今年になって初めてですよね」

2年ほど前までは毎月のように通っていた喫茶店です。しかし、最近は行く機会が少なくなり、この2年間には数回しか行っていません。そして、今回は、5ヶ月ぶりだったのです。

JR博多駅の中にあり、毎日多くのお客さまが訪れる喫茶店です。

なぜか行きたくなる店には、気持ちの良い会話のできる人がいます。

極端に言うと、その人に逢うために博多に行きたいと思う人です。そのような対応が、一人の個人芸かといえば、そのお店にいるほとんどの人が同じ様な対応をしてくれるのです。

「ブラックでしたね？　変わっていませんか？」と持って来たミルクを手に声をかけてくれます。覚えていてくれたんだとうれしくなります。


このお店に初めて行った時のこと。

「すぐに戻ってくるからね～」とお水とメニューだけ置いて、途中で声をかけられた別のお客さまのテーブルに行ってしまいました。しばらくして私のところに戻って来て「ごめんなさ～い。もう決まった？」

こうした馴れ馴れしい接客を嫌だという人もいるでしょう。しかし、その人には、それを許してしまうほどの温かい笑顔があったのです。怒るどころか、「コーヒーを下さい。おいしいやつを！」と、冗談で返事をする私がいました。それに応えるかのように「了解‼　とびっきりおいしいコーヒーを用意しますね」という素敵な返事。

この会話で心を掴まれたのかもしれません。丁寧なだけの接客ではなく、お客さまを幸せにする接客です。

ある時のこと。とてもグルメな経営者の方と一緒だったこともあり、ホテルに入る前に食事をご一緒することになりました。その方が、携帯で予約を取ってくれたお店に入り、席に案内をされてオーダーを取りに来た時です。

「木下さん、この刺身はどこの魚?」と、とても親しげに名前を呼びながら質問をしました。「ここにはよく来るのですか?」と私が尋ねると、「いえ、はじめてですよ」と言われて驚いてしまいました。以前から何度も来ている様な会話と雰囲気だったからです。

「名前、呼びましたよね?」「はい、名札付けてるし…」と、まるでそれが当たり前のことの様な返事が返ってきました。その後もその店員は何度も私たちの席に来ましたが、その度に素敵な笑顔と、和やかな会話をして行くという時間を過ごすことができたのです。初めて行った店では得られないような楽しい時間でした。

その時にも強く感じたのですが、良いサービスを受けるためには、良いお客さまであることが大切です。接客者は良いお客さまに対して、持っている最幸の接客をしてくれる。いや、持っている以上の力を発揮してくれるものです。

それを引き出すのが「おもてなしで一番になる」という目標を掲げた人が「お客さまとして実行すべきこと」です。「良いサービスを受けることのできない人に、良いサービスは提供できない」と私はいつも言っています。同じサービスを受けても、良いサービスだと感じることのできる人とそうでない人がいます。感じる力の差です。

サービス提供者として、まずは自分の感じる力を高めなければなりません。それと同時に、目の前の接客者から満足できるサービスを引き出せるお客さまとなって、その最幸のサービスを楽しむべきなのです。

そうか〜。なぜ西川さんだけいつもそんなに良いサービスを受けられるんだろう？　と思っていたんですが、その人の力を引き出すには、受ける側の力が必要なんですね。

確かに、サービス提供者として、なんとなくこの人にはもっと何かをして差し上げたいって思うことって、現場で実際にありますよ。思わず、その人の前では笑顔になってしまうということが…。

ここが悪い。これが良くないと悪い部分ばかりに目を向けるのではなく、私も良いお客さまになって、たくさんの良い事例に出逢えるようになるところからはじめたいです。

12

一期一会のおもてなしが忘れられない記憶を創る

～忘れられない感動はすぐ目の前にあるかもしれない～

私にはいくつもの「忘れられない感動の記憶」があります。これはその一つです。ドイツにある、人口が当時2000人に満たない黒い森に位置する小さな町に行った時のこと。「我が村を美しく」というコンクールで金賞を取った「ザスバッハバルデン」という村を、地域おこしと環境問題を考えるグループの方々と訪ねました。

滞在先には、農家を選びました。空いた部屋にゲストを迎えるという宿泊スタイルで、各農家から提供される部屋は2、3ルームだけです。あらかじめ約束していた場所にバスで到着したところ、何台もの車が迎えに来てくれていて、各農家に案内されました。

ほとんどドイツ語しか理解してもらえず、「明日の出発は○時です」という簡単な英語すらも伝えられないという苦労もありました。

私の滞在先であるホストの自宅に到着した時に、まず案内されたのは母屋ではなく、納屋でした。周りには農機具が所狭しと置かれていました。

「一体何が始まるのか？」と躊躇していると、「こちらに」とジェスチャーで案内されました。そこには作業用のテーブルが並べられて、白いクロスが張られていたのです。

その上には、いくつものワインボトルが並びそのワインボトルには花が生けられていたのです。その花は、花屋から買ってきたものではなく、今日の私たちのために摘んで来てくれた「野に咲く花」でした。

この粋な計らいにすっかりうちとけ、私たちは緊張感もほぐれて笑顔でお互いの顔を見ながらうなずいていました。そして、その後にウエルカムの食事を用意してくれたのです。

決して豪華な食事ではありません。田舎料理そのものといった簡単な料理でしたが、どれもおいしく感じたことを覚えています。

「おいしいですか?」恐らくそう質問されたのだと思います。笑顔でうなずく私たちを、ホストのご主人が、「こっちに来い」と指図しながら立ち上がりました。そこは入って来た時とは別の扉です。

そして、その扉を両手で大きくパーンと開きました。そこには、見渡す限り遠くまで畑が広がる美しい風景がありました。そして、「今、食べたものは、すべてここで獲れたものだ!」と自信に満ち溢れた笑顔で言ってくれたのです(おそらく)。

その姿に、ご一緒した人たちみんなが、感動の涙を流したのです。行ったこともない遠い国、日本から来るゲストを、準備万端に迎える方法も知らないし、かけられるお金もない。

しかし、彼には一期一会の想いが確かにあったのです。彼のおもてなしの想いは、今も忘れられない記憶として、私の心に深く刻み込まれています。

その場にある感動行動の「根っこ」にあるおもてなしの想いに気付くことができれば、その風景はさらに記憶に刻まれるものとなるのです。

決して、お金をかけてサプライズを演出することだけが感動を創造するものではありません。

私たちが普通に受けている当たり前と思っているサービス行動の中にも、お客さまの笑顔を思い描きながらしっかりと準備してきたおもてなし行動が隠れているのかもしれません。

それを見逃さず、しっかりとキャッチする力を身に付けましょう。

一期一会ってよく耳にしますけど、たった一度の出逢いの中で、相手の心にずっと残るようなおもてなしをするっていうことですね。真剣に。

ずっと忘れないでいてくれることは、本当にうれしいです。私は何人の記憶の中に残っているんだろう…。今日一日の仕事を終えた時に、これからは毎日それを自分自身に問いかけてみようと思います。その数を増やしていくことが、おもてなしを実行する目的なんですね。

13

ビジネスを生みだす信頼はおもてなし行動から

~この人と仕事をしたい！　をおもてなしで創る~

起業する時に会計事務所を探しました。前職時は経理に関する業務には担当者がいましたが、起業するとなるとパートナーとなってくれる人が必要と考えたのです。紹介いただける人もあり、いくつかの会計事務所の代表と逢いました。

事務所の所在地は、大阪です。しかし、東京にも足を運び、最幸のパートナーを、時間をかけて探しました。そして、ついに見付けました。この会社に、この人にお願いしたいという出逢いがありました。

失礼な話かもしれませんが、仕事力に関しては、実際に始めてみないと分かりません。でも、この人しかいないと強く思ったのです。

逢う日時を決めて、初めて事務所を訪ねた時のこと。ドアを開けた瞬間に、その想いがほぼ決まりました。そこでは、スタッフの皆さんが業務の手を止めて、立ち上がり「いらっしゃいませ！」と迎えてくれたのです。

仕事の依頼者になるかもしれない私を待っていてくれたのか…。もちろんそれもあるでしょうが、打ち合わせをしている途中でドアを開けた郵便配達人にも、変わらない迎え方をしていました。たったそれだけのことですが、その迎え方は、私の会社でもぜひやりたいとイメージしていた姿そのものだったのです。

私自身もかつて、営業スタッフとして多くの企業のドアをたたきました。飛び込み営業というスタイルの新規開拓です。

「こんにちは！」と元気に声をかけても、気付いてくれない事務所。気付いていても、誰かが対応するだろうと誰も動いてくれない事務所。

訪問者に集まる視線は、「誰だ?」といったものが多く、本当につらい思いを経験したことがありました。

事務所に郵便や宅配荷物を配達してくれる人たちがいます。もしその人たちがいなかったら、私たちのビジネスは成り立つでしょうか? コピー機のメンテナンスをしてくれる人がいなかったら? 事務所のビルの掃除をしてくれる人がいなかったら?…。私たちのビジネスは、多くの人に支えられています。

面倒臭そうに対応したり、顎でそこに置いてと指図する様な対応には、本当にガッカリしてしまいます。

実は、弊社の事務所レイアウトは、宅配会社の方のアドバイスによるものです。起業して間もない頃に荷物を届けてくれた人に「たくさんの事務所をご覧になっていますよね?」と尋ねて、その意見をいくつも取り入れました。

担当者は変わりましたが、今もたまにその時の感謝を込めて、暑い日には冷えたお茶を用意しています。弊社の封筒には、「配達員の方へ…朝早くから夜遅くまで、又雨の中いつもありがとうございます。大切なお客さまへの荷物ですのでよろしくお願いします」というメッセージを入れました。

そんなメッセージ入りの封筒に気付いてくれる人は、どのくらいいるのだろうか？　角形2号の封筒の、空いたスペースを利用して、切り取れば長形3号の封筒として再利用できるようにもしてみました。たまにその封筒を使ったお手紙をいただくことがあり、とてもうれしくなります。

一枚の封筒に込めた想いに気付き、それに応えてくれることを本当にうれしく思います。その記憶は、その人との出逢いを大切にしなければという想いへとつながって行きます。

パートナーへも、お客さま同様の想いを持って接することは、おもてなし力を高めていくためにも大切な行動です。そして、目にする小さなことに気付くことも、同様に大切なことです。

お客さまにだけでなく、関わる人すべてにおもてなしをという想いが、おもてなし力を高めていくことにつながるんですね。

社内でも使われる「業者」という言葉に違和感を持っていたのですが、やはりなくてはならない「ビジネスパートナー」ですよね。普段からそうした言葉を使うことで、おもてなしの心が育つ。そして、その方々だってお客さまになってくれる人かもしれないし、もうお客さまなのかもしれない。「あの企業は良いですよ」って、宣伝してくれる人になるかもですよね。

14

目の前のことに興味を持って会話する

~「あなた」はお客さまの心に残っていますか?~

「あめをどうぞ!」

ホテルから駅まで、10分ほどの距離を利用したタクシードライバーから声をかけられました。

前夜のホテルが乾燥していたために、少しのどの調子が悪く、咳をしていたのです。

「じゃー、一ついただきますね」「もっと取って下さい」「大丈夫です。ありがとうございます」

そんな会話をして、一つもらって口に入れました。

すると、「ゴミはこちらにどうぞ」と。ふと見ると運転席と助手席の間に、小さな、そして少しくたびれた箱が置かれていました。

「これは？」と、思わず声をかけると「お父さんのお仕事の役に立ちたい。お父さんのお客さんに喜んでもらいたいと言って娘がつくってくれたんですよ」と、うれしそうに笑顔で話してくれました。そのニコニコ顔に本当に心が温かくなりました。

「娘さんは、おいくつですか？」と聞くと、25歳になったとのこと。想像していたより、結構大人なんだと思っていると「10年くらい前につくってくれたんです」

その瞬間に胸がいっぱいになりました。少しくたびれた…。そうでしょう。10年も使っていたら、それはくたびれていても当然です。

しかし、その時に私の心を満たしたものは、娘さんの想いとその娘の想いを大切にする父の愛情でした。10年間も大切に使い続けている想いに、自然と涙があふれて来ました。

思わず、「写真を撮らせて下さい！」と言うと、「うれしいな。はじめてですよ。娘も喜びますよ」わずか10分のドライブでしたが、最幸の時間となりました。

お客さまに喜んでもらいたいという想いを強く持って、一生懸命にサービスを実行する。それだけがおもてなしでは決してありません。むしろ、真のおもてなしとは、「また来たい！」ではなく、

「またあなたに逢いたい！」という、お客さまの心の中に「あなた」を残すことなのではないかと感じた瞬間でもありました。

東京ステーションホテルの廊下は、横に長いホテルの構造で、なんと335ｍもあり、東京タワーを横にした様な長さです。一般的なホテルは、上に高く、エレベーターを降りてから客室までは、比較的短い距離です。しかし、ここはそういう訳にはいきません。

私が初めて宿泊した時に、客室までの案内をしてくれた人は、まだ若いスタッフでした。「この距離って、大変でしょう?」と、思わず尋ねてみました。無言で歩く訳にはいきませんから、何かお客さまと会話をしなければなりません。しかし、その時間の長さを考えると、「これは大変だなぁ」と思ったのです。

しかし、彼女から返ってきた言葉には感動しました。「お客さまを長く歩かせる」「話をしなければならない」という本来ならば、デメリットとして捉えがちなこの環境を、彼女は「お客さまと会話ができる楽しい時間です！」と語ってくれたのです。

そんなスタッフをサポートする仕掛けも、ちゃんと施してありました。廊下には多くの写真が飾ってあります。東京ステーションホテルの100年の歴史です。話が少し途絶えたなと思うと立ち止まり、その写真の説明をしてくれるのです。

歩きながら、他のお客さまとこんな話をしたことがあるなど、宿泊されたお客さまの物語を聞かせてくれることもあります。ホテルスタッフとのこの語らいの時間は、他のホテルでは得られない貴重なものとなりました。

素晴らしい笑顔、丁寧で教育された言葉使いと身のこなしがそこにあっても、記憶に残らないスタッフが多い他のホテルとちがい、このホテルのスタッフの笑顔は、歩きながら話した会話と共に私の記憶に残るものとなったのです。

そして思うのです。「またこの人に逢いたい」と。そんな気持ちをお客さまに残すことがおもてなしの目的でもあるのです。

なんでもないものが、特別な風景になる。その機会を自分から働きかけて創造することで、仕事に活かせるおもてなしを学べるということですね。そういえば、私の身近な人にもいますよ。勝手に思い込まないで、なんでも興味を持って「こういうことですか？」って、よく質問しているんですよ。確かに、その人の成長のスピードは速いですね。

やっぱり気になるなぁ…私って、どのくらいの方の記憶に残っているのかな？　お客さまとの会話を増やすことを楽しみながら、仕事を頑晴ろう。

15

積極的な働きかけでリピーターを創造する

～どんな時も創客を考えて行動する想い～

レストランやホテル、そして百貨店やショップなど多くの場所で、領収書をもらうことがあります。会社名でお願いする時、口頭で伝えるとなかなか社名を聞き取ってもらえません。

ＪＲのみどりの窓口では、その対策として「領収書名を書く用紙」が用意されています。これは、何度も聞き返したり、漢字の確認をして間違いを無くすために考えられたことだと思います。

レストランなどで必要な時には、私は名刺を渡すようにしています。

そんなある日のこと。そのレストランは良いお店だったので、また来たいと思いながら、いつもの様にクレジットカードと名刺を出して、会計をお願いしました。何も言わなくても、領収書が必要であることを理解してくれました。

しかし、残念ながら、領収書と一緒に渡した名刺が返されて来たのです。領収書を書いてもらうために渡した名刺なので、その行動は当たり前のことなのかもしれませんが、私は、その時ちょっと悲しい気持ちになってしまいました。

営業の仕事を長くしていたので、出した名刺を受け取ってもらえないことに、敏感に反応してしまったのかもしれません。そんなことを感じていた時のこと。

別のお店でこんなことがありました。同じように名刺を渡して、領収書を求めました。テーブルに領収書を持って戻って来たスタッフは、

「本日はありがとうございました。こちらのお名刺はいただいてもよろしいでしょうか？」

その時に私が何を思ったのかというと、「この店は、私を客として認めてくれた」「また来てください」のメッセージだと感じたのです。とてもうれしい気分になりました。

領収書の宛名を書くために預かった名刺だから、返して当り前ではないのです。一声添えれば、気持ち良くいただけるものです。領収書を求められた時に、「お名刺をお預かりできますか？」と声をかけても良いでしょう。もちろん中には、「返してください」とおっしゃる方もいるかもしれませんが、勇気を出して聞いてみましょう。

自社のサービスの体験者の大切な個客データをひとつずつ増やしていくのです。人気店で予約がなかなか取りづらいといわれるお店は、どんなことを現場で実行しているのでしょうか？　実は、名刺を集めるといった基本行動をしっかりとやっているのです。

だから、リピーターで予約が取りにくくなるのです。そうした店の多くは、渡した名刺を手に、店主自らがあいさつに出て来て、名刺交換をする店も少なくありません。

良くないのは、何も言わずに受け取った名刺を返さないことです。これでは印象が悪くなってしまいます。

来店いただいたお客さまに満足を提供できれば、リピーターになってくれるというのは偶然に過ぎません。

私たちはビジネスをしています。積極的に行動することで、お客さまがリピーターとなる確率を上げていくことが重要なのです。領収書を求められた時は、大きなチャンスなのですが、ここを逃している企業が多いと思います。

積極的に声をかけるということは、お客さまにとっても、私に興味を持ってくれたという喜びにつながるおもてなし行動の一つなのです。

そこかぁ～。確かにお預かりしたものだから、返すのが当たり前って思っていたんだけど、私も営業の仕事をしていたことがあるので分かります。渡した名刺をチラッと見て横に置いて話を急がせる人って、結局仕事で良い関係って創れませんでした。こんなところでもお客さまとの関係性は創られて行くんですね。

名刺を受け取ってくれた店から、さらにお礼状なんて届いたらうれしいでしょうね。

ちゃんと、受け取る時に季節のお便りを送らせてもらっていいですか？　と聞いておけば問題も起こらないでしょうから。

3章

ビジネスとおもてなしの「目的」を正しく知る

〜目的を正しく知れば、目の前の行動が変わる〜

16 すべてのビジネスの目的は「創客」にある

〜お客さまとは、ロイヤルリピーター（生涯客）である〜

飛行機はなぜ飛ぶのでしょうか？　航空力学的な難しい話ではありません。もっとシンプルなことです。答えは、お客さまがいるからです。

私は機会があるたびにこのように言っています。「私たちのビジネスの目的は、〈創客〉にある」

「創客」とは自社の商品やサービスに高い価値を感じてもらえるお客さまを創り続けることです。多くのお客さまに支持されるビジネスを創造して初めて、売り上げや利益を恒常的に得ることができるのだと言っています。お客さまとは、どの様なお客さまなのか？

おもてなし経営研究所®では、そのお客さまを「ロイヤルリピーター」と呼ぶことにしました。単なるリピーターではなく、ロイヤルが付くお客さまです。その定義は、「売りたい時に、売りたい商品を、販売者の能動的な働きかけによって、喜んで買ってくださるお客さま」です。

お客さま都合で「いつか買う」ではなく、販売者が今この商品を買ってもらいたいと思った時に、販売者からの連絡を疎ましいと思うことなく、逆に良い情報をくれたと喜び、その商品を買ってくれるお客さまです。

そのようなお客さまを一人でも多く創造することがビジネスなのです。これを皆さんの会社や仕事の目的として定めて下さい。そうすると今日の仕事に大きな変化が出て来ると思います。手間がかかるからと後回しにしていた業務が、実は最優先するべき業務であったと気付き、仕事の優先順位が変わってきます。

例えば、一人のお客さまの対応が終わった時に、次のお客さまが来店したとします。当然、売り上げを上げるには、新しいお客さまへの対応をすべきです。

しかし、「創客」を優先させると、終わったお客さまの見送りが重要な仕事となります。

しっかりとお見送りをして、良い印象を持ってもらい次の来店を意識付けるということです。「効率的に仕事をしなさい」と言われた経験のある方も多いことでしょう。効率的に仕事をすることは、とても大切なことです。しかし、その効率的にという言葉を間違って捉えてはいけません。目の前の仕事を効率的に処理していくことは大切なことです。しかし、一見非効率に思えるような手間のかかるおもてなしやサービスを提供することで、目の前のお客さまを「創客」できるとしたら、それが最も効率的にビジネスの目的を達成する策なのです。

シーズンともなれば旅行相談に訪れるお客様で待ち時間ができるのが旅行店舗です。常に待たされるお客さまを意識しながらの接客。だんだんと待ち時間に不満顔なお客さまが増えてきます。早く接客を終え、次の方をお迎えしなければいけない。一件でも多くの相談者を増やすことが、売り上げを上げることにつながると考えながら…。

そんな時に限って、「どうしようかなぁ」と迷うお客さま。

思わず「では、ご一緒される方と一度相談されて、決まりましたら、お電話下さい」と、接客を打ち切るような言葉を思わず言ってしまっていたスタッフたちにロープレ研修を実施しました。

「目の前の人と、とことん話して、〈あなたのお客さま〉にして下さい。あなたの接客で、たまたまの来店客から、〈次の旅行もここで！〉という必然のお客さまを創ることが仕事です」と伝え、接客を強化しました。

結果として、非効率に見える接客でリピーターが増え、売り上げもどんどん上がって行ったのです。さらに、そのリピーターをロイヤルリピーターにするために、来店→申し込み→出発前→旅行終了後、その他多くの機会に、個別のメッセージカードを送り続けました。その結果、いつも苦戦していた予算をついに達成できたのです。

リピーターじゃダメなんだ。ビックリ！　確かにそうですね。また来て下さったんだ！と喜んでいたけど、それってまだ偶然の繰り返しであって、ビジネスになっていない「神様お願い！　レベル」なんですよね。

私にはロイヤルリピーターって何人くらいいるんだろう…。意識して、いっぱい創って行きたいです。お客さまを創り続けることが、仕事をするということ。何人の接客をするかではなく、何人のロイヤルリピーターを創れたかが仕事をした成果なんですね。

17

目的が分かれば、行動は変わる

～マニュアル行動では、お客さまを幸せにはできない～

ある日のニュースを見ていて考えさせられることがありました。

タイの空港で、中国人観光客の首に花輪をかけ、笑顔で一緒に写真を撮るタイ人女性のサービスが問題視されていました。そのタイ人女性の接客態度が良くなかったからです。結局、彼女は謝罪をして、アルバイトを辞めることになったといいます。

その映像を見て、確かにこれはないなと思いましたが、果たして彼女だけが悪かったのでしょうか?「彼女に仕事の目的は、正しく伝えられていたのだろうか」と感じたのです。笑顔でお客さまと写真を撮る、ということしか伝えられていなかったとしたら、彼女は素晴らしい仕事をしていたことになります。

実は、日本のサービス業でも同じようなことが起こっています。

機内では最幸の笑顔で仕事をしてくれるCA。しかし、乗務予定の航空機に向かうターミナル内ですれ違う時には、その笑顔はありません。ホテルでも、目の前にお客さまがいらっしゃる時にある笑顔が、お客さまと離れた瞬間に厳しい顔になるという人を何度も見てきました。

出張で降り立った福井駅構内の喫茶店でのことです。

仕事先の迎えを待つ間に、コーヒーを飲もうとたまたま入った店です。同行していたスタッフにオーダーを頼んで、トイレに立ちました。トイレは店から少し離れた駅ビルの端にあり、戻るのに少し時間がかかりました。

そこからです。いい店を見つけたと、それから福井に行く度に1本電車を早めたり、帰路を遅らせたりしながら、立ち寄る機会を創るようになりました。駅構内にあるのでお客さまは多く、しかも電車の時間待ちといった一見さん的なお客さまが多い店です。

他の同様の店では、オーダーを聞き、スピーディーに商品を届けるだけ。もちろん、言葉づかいや身のこなしなどの教育はされていますが、印象に残る店はほとんどありません。特別に、リピーターを意識しなくても、駅やショッピングモールを利用する人が足を運んでくれるので、一日、事故やクレームが起こらない様に注意しながら、目の前の仕事をこなせば良いのでしょう。

そんな中で、この店には素敵なおもてなしがあったのです。

トイレから店に戻った時のこと。「お帰りなさい！」と言って、入店してすぐに店を出て行った私をちゃんと分かって声をかけてくれました。席に着くと、スタッフはコーヒーを飲んでいましたが、私のコーヒーがありません。

「頼まなかったの？」と聞くと、「いえ、二つ持って来てくれましたが、西川さんがまだだったので、戻られたらお持ちします、と言って持って行きました」

しばらくすると、淹れたての湯気の立つコーヒーが運ばれて来ました。決してたまたまではありません。別の日には、「すぐに淹れ直したコーヒーをお持ちしますね」と、トイレから戻って来た私に声をかけてくれたのです。

店は、オーダーが入ったコーヒーを速やかに淹れてテーブルに運んだのです。それが冷めてしまおうが、席を外したのは私なので、店側の責任ではありません。客として文句は言えません。

せっかく用意したのに、テーブルにお客さまがいないがために、無駄になってしまったコーヒーにもコストがかかっています。しかし、この店は少しでも温かいコーヒーをゆっくりと楽しんでもらいたいという喫茶店としてのビジネスの目的をしっかりと持って、おもてなしを実行していました。

任された仕事に真剣に向き合う気持ちは大切です。しかし、実行する行動の目的を見失ってはいけません。教えられたことを完璧に実行することを目的とした行動では、お客さまを幸せにはできないのです。

毎日失敗しない様に！　と目の前のことで精一杯で、仕事の目的って、意識して深く考えたことなかったんですが…。「創客」かぁ〜。そう考えたら、やることの優先順位が見えて来た気がします。なんか勘違いしていた気がするんです。教えられたマナーを、現場でより優れた形で実行していれば、良い店だってお客さまの評価は高まるものだと…。大事だけど、それじゃ悲しいですね。

駅中のお店なんかだと、「観光客だからもう来ないし！」なんて考えてしまうかもしれません。でも地元の方も来るし、電車に乗って来るビジネスの人だって何度も来てくれるかもしれない。「どんなお客さまだって、リピーターにするぞ！」といった覚悟を持って接しないと、仕事を楽しめないですね。

18

おもてなしの想いが「伝える情報」を変える

～記憶した文字を話すのではなく、あなたの体験こそが価値ある情報～


広島での講演の時に、参加してくれた方々に質問をしてみました。

「帰りに広島土産を買って帰りたいのですが、何がいいでしょうか？」

会場からたくさんの声が聞こえてきました。「もみじ饅頭！」

広島と言えば、「もみじ饅頭」というのは、多くの人の意識の中にもあることです。「やはりそうだな」と納得する回答でした。そして、駅で買おうとしたら何が起こるか…。

恐らく多くの人は、どれが良いのかと、売り場で迷ってしまうでしょう。

そうです。売り場には多くのメーカーのもみじ饅頭が種類豊富に売られています。

「一体何種類のもみじ饅頭が作られていて、その味はどのように違うのでしょうか?」

と、続けて質問をしてみると、皆さん首をかしげていました。

「Aは老舗メーカーのもので、多くの人に人気です。Bは比較的新しいメーカーですが、バリエーションが豊かで、若い人たちに人気です。Cは生地がおいしくて、私がよくお土産に買うものです」

といった風にそれぞれの特徴と共に伝えることによって、その応えに価値が生まれます。参加者の一人が、会場を出る時に声をかけてくれました。

「西川さん、私は今日の帰りにもみじ饅頭をいっぱい買って帰って、食べ比べをしてみます!」

本当にうれしい言葉でした。


ネットや雑誌でメーカー毎のちがいを調べるのではなく、実際に食べ比べをしてみて、自身の体験に基づき自分の言葉で、目の前のお客さまに伝えることが最も説得力のあるものとなります。

そして、言葉を添えて渡すことで、「もの」である土産が「こと」にもなるのです。

「このもみじ饅頭は、○○なんだって」と、その土産の価値を高めるものとなるのです。ネットや雑誌から記憶した文字の情報を伝えるのではなく、自分の体験を自分の言葉で伝えることができたら、それに勝るものはありません。

「西川さんの講演は、聴講者からの評価が本当に高いのです」と、声をかけてくれる人が多くいます。その理由は自分の体験を、自分の言葉で話すことを大切にしているからなのかもしれません。

旅行会社スタッフの研修時に、「広島に旅行に行くことになったお客さまにどんな旅を提案しますか?」と尋ねてみました。観るだけではなく、食することと買うことも旅の楽しみです。

「何を食べ、何を買って帰ったら良いでしょうか?」

販売する旅行商品に関しては、それなりにスムーズに答えてもらいましたが、私のその質問には良い回答が得られませんでした。

「お客さまそれぞれにお好みがありますので…」といった答えで旅の楽しみを提案するのではなく、上手く私の質問から逃げたという感じです。

確かに人によって好みは違います。「あなたに勧めてもらったけど、良くなかった」という苦情を恐れて、『応える』という仕事から逃げてしまっているのです。

常に、コンサルティングする企業に伝えることは、「持っている情報を押し付けることが、仕事ではありません。お客さまにとってメリットとなる情報を提供することで、その仕事の価値が生まれるのです」と。

同時にそれは、「聞く」という、販売者にとって最も大切なことであり、重要な業務の実行を意味します。お客さまの好みを質問から理解し想定して、それに合う情報を提供することです。

接客者によっては、お好み焼きともみじ饅頭と答えてくれた人がいました。しかし、それは「答えている」だけであって、『応える』ことになっていません。

もし私が、大切なお客さまと広島に行き、ご一緒する食事場所を探していたとしたら、お好み焼きは正しい回答だったのでしょうか。あるいは、甘いものが苦手という方にとって、もみじ饅頭は適切なお土産になったのでしょうか。

答えただけで、お客さまを満足させる回答にはなっていないのです。きっとそのお客さまは、別のところで、あるいは別の方法で情報を得ようと試みるでしょう。その時に、あなたの仕事の価値はゼロになるのです。

日々の業務で「答える」だけの回答をして、満足している販売者がとても多いのが残念でなりません。「答える」ことが仕事ではなく、『応える』ことでビジネスの目的達成を目指しましょう。おすすめする理由を伝えながら。

持っている情報を安易に、あるいはたくさん提供するのではなく、どの情報が目の前のお客さまにとって最も有益な情報となるのかを見極めて、絞り込んで提供することが大切なのです。

似た体験をしましたよ〜。仕事帰りに同僚と食事に行った時に「今日のおすすめは?」って聞いたら、ランチで食べたものと同じで苦笑いした事があります。

お店のおすすめなのか? お客さまへのおすすめなのか? どちらの価値が高いんでしょうか。お店のおすすめを知ってもらうことは大切なことですが、やっぱりお客さまに喜んでもらえて初めてビジネスですよね。どこかで間違ってしまっているお店って多いと思うんです。

19

３秒間のお辞儀に込めた想い（１）

～仕事ができる喜びと感謝の気持ちを行動で示す～

とても感動的な光景に出逢いました。

それは、あるホテルでの日常の姿だったのかもしれません。しかし、私にとっては初めて見るシーンでした。そして、多くの方にとってもそれはあまり知られていない光景なのかもしれません。

ホテルや旅館で、お客さまを想う多くのスタッフが日々笑顔で働いています。一歩足を踏み入れた瞬間から、あるいはすでに入り口の前から、たくさんのドラマが始まります。とても素敵な笑顔に迎えられて、いくつもの感動風景に出逢える場所がホテルや旅館です。

その日もそんなワクワクする気持ちでホテルに到着しました。

「お帰りなさい、西川さま」と笑顔でチェックインの手続きを終えて、客室に案内してくれる。そして、「他にご不明な点やお手伝いのできることはありませんか?」と声をかけてくれる。実に気持ちの良い会話です。

しばらく客室で過ごした後に、食事をとるために部屋を出ました。エレベーターに向かう途中で、少し先の部屋の扉が開き、案内を終えた客室係が出てきました。

「ごゆっくりとお過ごしください」と部屋のお客さまに言って、ゆっくりと静かにその扉が閉められました。その後のことです。そのままその場を離れると思ったのですが、彼は扉を閉めた手を身体の前で整えて、背筋を伸ばし、そして扉に向かって深くお辞儀をしたのです。

1、2、3。3秒間のお辞儀でした。客室への案内が終わった後の廊下ですから、本来であれば誰にも見られることのないお辞儀です。

「たくさんあるホテルの中から本日は当館をお選びいただき、本当にありがとうございます。ゆっくりとお寛ぎください。そして、最幸の時間をお過ごしください。そのために私たちは、いつでも最幸のおもてなしでお手伝いをさせていただきます」

そんな声が聞こえてきそうな感動的なシーンでした。誰かに見られているからするのではなく、お客さまのために何をして差し上げられるだろうかと、常にお客さまを想う強い意志があるのです。その想いを高め、行動に移すための自分自身への覚悟の証なのだと感じました。

お客さまの前では、常に最幸の笑顔で、身に付けた振る舞いにさらなる磨きをかけながら一生懸命に行動していても、なかなかお客さまや上司に評価もらえないといった声を聞くことが多くあります。

今日は少し疲れているし、仕事にも慣れてきて、誰にも見られていなければ、少しくらい手を抜いても、それをカバーする技術も身に付けたから大丈夫だと考えてしまうことはないでしょうか。お客さまと向き合っている瞬間だけが仕事なのではなく、本当に大切なのは常にお客さまのお役に立てるように願う想いなのです。

そして、その想いを育てるためには自分自身の仕事の目的を思い出し、高める行動をすることが大切です。「3秒間のお辞儀に込められた想い」を私はそう理解しました。

感謝の想いを持ってお客さまに接することを、見えないところでも実行するのは本当にすごいことですよね。きっと、その仕事が本当に好きなんでしょうね。「そんな仕事に巡り合えたら幸せだろうなぁ〜」なんて思うところがダメなんですね。その仕事を輝かせるのは常に自分自身なんだと感じました。

20

3秒間のお辞儀に込めた想い（2）

～感謝の想いを込めた行動には、感動がある～

一日のバスツアーが終わろうとする時に、添乗員がマイクを持って語り始めました。

自社のバスツアーにご参加いただき、無事に一日を終えようとしている今、お客さまの協力に対する感謝のメッセージでした。

決して完璧なツアーではありませんでした。失敗もありました。お客さまに迷惑をかけてしまった案内ミスもありました。しかし、一生懸命さは伝わっていました。私はドキドキとしながら、そのクライアント企業の添乗員あいさつを、まるで我が子の言葉の様に見守っていました。笑いもあるあいさつに、お客さまも笑顔で耳を傾けてくれていました。そして、そのクライマックスに「ありがとうございました！」と言って、深くお辞儀をしたのです。大きな拍手がバス車内に響きました。鳴りやまない拍手。

「ありがとう！」「がんばれよ！」「また、参加するよ！」

たくさんの声がかけられます。何が起こったのか…。普段飄々としたイメージの彼の顔が3秒間上げられなかったのです。それを見た瞬間に、胸に熱いものが込み上げて来ました。この瞬間のために、私たちの仕事のすべてがあるのだと強く感じました。彼の意識にあったのは、「今日は上手く行かなかった。本当にごめんなさい。でも次は必ず最幸の時間を提供できるように顔晴ります。また参加してください」

そんな想いだったのではないでしょうか。その心の声がお客さまに届いたからこそ、大きな拍手が彼に贈られたのです。

お客さまから予約が入った時から、そのお客さまとの出逢いに想いを寄せ、当日のために多くの準備をする。やっと逢えたその時に、出逢えたことへの感謝の想いを込めて迎える。そして、用意した数々のおもてなしを実行し、お客さまを最幸の笑顔にする。

こうした努力の結果、お客さまの満足度は高まり、笑顔で「お世話になりました。また来ますね」と帰って行かれる。これが私たちの日常であったとしても、まだ足りません。

私たちの仕事は、満足を提供することではありません。もちろん、そのための努力や行動は尊いものです。しかし、私たちは、ビジネスをしています。ボランティア活動をしているのではありません。

たまたまかもしれないお客さまからいただいた、たった一度の奇跡の出逢いの機会から、「おもてなしで次の必然を創り出すこと」が仕事なのです。

最後にお客さまを見送る時に、その後ろ姿に問いかけてみてください。

「このお客さまは、次も私たちを選んでくれるだろうか？」

「間違いない！」と確信が持てた時は、その瞬間までの仕事は成功です。もし不安があったとしたら、「どこが足りなかったのだろうか？」「何をさらにすべきだったのだろうか」とその瞬間に考えてみましょう。

その改善、強化ポイントをしっかりと自覚しなければ、決して成長はできません。いろんな言い訳を考えて自分自身を納得させてしまったり、何も考えることなく次の仕事に向かって行ってはだめです。

鳴りやまない拍手の中で3秒を超えて実行されたお辞儀は、バス添乗員が正にその問いかけを自分自身にする時間でもあったのだと思います。

お辞儀の角度はって教えてもらったけど…。それももちろん大切ですが、それ以上にどんな想いを持って実行するか、ということの方が絶対大事なんですね。何となく教わったお辞儀を当たり前の行動としてやっていただけだったかもしれません。相手を想う心が伴っていないと、単なるビジネスマナーにしかならない。

またあなたに逢いたいという強い想いを込めて、さっそく「西川さん、今日はごちそうさまです！」とか…。

21 クレームは解決することが目的ではない

～お客さまの声を改善提案と考え、たくさんの声を真剣に聞く～

最近よく利用する東京のパレスホテルでの出来事です。

はじめて泊まった時のコンシェルジュの神対応にすっかりファンになってしまったホテルです。

その日もタクシーでホテルに到着しましたが、何やら様子がおかしいのです。スタッフ同士が話をしていて、到着するタクシーに意識が集中していないように感じました。

支払いを終えて、タクシーを降り、歩きはじめた頃にようやく気付いて近づいて来ました。そして、それが当たり前のことのように、私の荷物に手をかけて持とうとしたのです。あまりの不快感に思わず「結構です！」と断り、憤りを感じながらフロントに向かいました。

チェックインを済ませて振り返ると、別のスタッフが一人、手続きが終わるのを待っていました。そして、「ぜひお部屋までご案内させてください」と、他のホテルとは違う言葉で声をかけてくれました。彼の雰囲気にこれまでと違うものを感じてお願いすることにしました。

そして、部屋に着いた時です。

「先程は入り口で失礼があり、大変申し訳ありませんでした」と名刺を出されました。その日のサービス担当の責任者だということです。

そして、それだけではありません。次に彼が言った一言こそが、サービス業に携わる者にとって最も大切な言葉でした。

「ぜひ、お話を伺わせていただけませんか?」

良くないサービスを受けた時に、言っても仕方ないとあきらめてしまったり、それを飲み込んでしまうことが多くあります。しかし、それでは何も解決しません。

不満は不満として言葉に出さなければ、相手には伝わりません。しかし、言う側も嫌な思いをします。そして勇気を出して話しても、多くの場合は、「申し訳ありません」と謝られるだけなのです。


何に対して、お客さまが不快に感じたのかも理解せずに、ただ謝るだけでは、かえってその怒りを増殖させてしまいます。

「申し訳ありません」

という言葉は、お客さまが言いたい不満をシャットアウトすることにつながる言葉なのかもしれません。その場のお客さまの怒りを鎮めて、乗り切ることはできますが…。

しかし、それでは何も解決していません。何も学ぶことができていないのです。同じ過ちを繰り返し、謝罪の言葉を伝って、目の前のお客さまの怒りを抑え込む。これを繰り返さなければならないだけです。


お客さまが気付かれた不満の原因を真正面から受け止め、改善するためにしっかりとその声を聞かなければなりません。それがお客さまに寄り添う想いの実行でもあるのです。

「やはり、パレスホテルはすごい！」とその後も利用を続けています。

私もお客さまからお叱りを受けると、反射的に「申し訳ありません」と、とにかく謝ります。早く許してくれないかなぁと。その場は収まっても、また同じことでお客さまに叱られたり…。

何やってるんだろうって思うこともあるんですが、そうか…お客さまがどこに不満を感じたのかをちゃんと知らないと、同じことを繰り返すだけですね。

そして、ちゃんと聞こうとする姿が、お客さまの不満を満足に変える唯一の方法なんですね。

4章

当たり前を壊して進歩から「進化」へ

~できるところからではなく、思い切ったジャンプが必要~

22

全てのスタッフの仕事は、「創客」にある

～働く土俵を変えて、創客を目指す料理人の姿～

宿泊した翌朝に食事をすることはあまりありませんが、その日は朝食付きプランの予約だったこともありバイキング会場に向かいました。会場に着くと笑顔のスタッフが出迎えてくれ、席まで案内してくれました。

そして、「お食事はバイキングになりますが、お飲み物をご用意いたします。コーヒーまたは紅茶、日本茶など何がよろしいでしょうか?」とスタッフ。

コーヒーをお願いして、ふとテーブルの上を見ると小さな商品案内のスタンドが目に入りました。手に取ってみるとバイキング会場によくある卵コーナーで作っている「たまごサンド」の紹介でした。オムレツや目玉焼きなどとは違う商品に興味を持ちましたが、そのままテーブルに戻して、料理を取りに行きました。

席に戻って食事を始めた時、ふと強い視線を感じました。そちらに目をやると先ほどの「たまごサンド」を作るコーナーから、シェフがニコニコと笑顔を向けていたのです。そして、ジェスチャーで「あなた、先ほどその案内を見ていましたね。それ、私が作っています。おいしいですよ」とメッセージを送ってきました。

もう一度そのスタンドを手にして眺めていると、今度は近づいて来る人の気配を感じました。そのシェフでした。そして、「おひとついかがですか？」と。思わず頼んでしまいました。

そこはバイキング会場ですからコーナーまで自分で取りに行こうとすると、「どうぞお食事をお続け下さい。お持ちしますので」とのこと。その言葉に甘えて、食事を続けていると、また人の気配がしました。フロアーのスタッフが「たまごサンド」を持って来てくれたのかと思いましたがそのシェフでした。

こんなに持ち場を離れて大丈夫なのだろうかと心配になるくらいに動くシェフでした。そして、でき上がった「たまごサンド」をテーブルに置き、「こちらのバンズは…」と説明を始めたのです。

隣のテーブルの方が興味を持って、その説明を聞いていました。すると、シェフは、その方々にも「お二人もいかがですか？」と声をかけていました。

もちろん、「お願いします！」「ありがとうございます！」とシェフは満面の笑顔でまた卵コーナーに戻って行きました。

そして、また自分で運ぶ。さらに説明をして、また近くの席のお客さまに声をかける。しばらくその様子を見ながら、その行動の意味を考えてみました。


シェフの仕事とは何か？　おいしい料理を作ることです。より早く、より美しく作ることです。もちろん新しい料理の開発や良い食材をより安く入手することも仕事でしょう。すべてのシェフがそれを目標に努力しているのです。

しかし、このシェフから感じたのは、まったく別の想いです。どこにでもあるバイキング形式の食事だけれど、ほんの少し違った思い出を持って帰っていただきたい。すすめられなければ目移りする料理の中で選んでもらえないかもしれない自慢の「たまごサンド」を一人でも多くのお客さまに食べて欲しい。そして、わずかな時間であったとしてもお客さまと話がしたい。そんな想いです。シェフのその想いと行動こそが、創客だと感じました。

「東京ステーションホテルは、周りにあるホテルとお客さまが違いますね」

ある日、ステーションホテルの親しくしている方に尋ねたことがありました。

「どのように違いますか？」と聞かれました。「他のホテルと同様に、海外からのお客さまはいます。富裕層に見える人、それにビジネスパーソンもいます。しかし、他のこうしたラグジュアリーなホテルではあまり見かけない年配のご夫妻を見かけます」と私は答えました。

すると、「そうなんです。職業は無職。収入は、年金暮らし。そういう方が少なからずお越しくださるのがここ東京ステーションホテルなんです」と自慢げに答えてくれました。

いつか泊まりたいと年金を少しずつ貯めて、ようやくその願いが叶ってお二人で泊まりに来た…そんな姿が目に浮かぶようでした。

その翌朝、バイキング会場でのこと。まさしく昨日話していた様な方ではないかという年配のご夫妻が、スタッフに案内されて席に歩いて行きます。席が決まった後のこと。二人は席に着かずにまっすぐに歩いて行きました。私の席に近くにある「たまごサンド」のコーナーに向かって。そして、手を小さく振りながら笑顔で「もう来ることはないと思っていました。でも、どうしてもあなたに逢いたくてまた泊まりに来てしまいました。お元気でしたか？」

あのシェフが満面の笑顔で言いました。「お帰りなさいませ！」

まさに仕事の目的である「創客」を成し得た瞬間でした。

わぁ～感動しました。あの人にまた逢いたい！　と思ってくれるお客さまを創ることが自分の仕事だと思うと、今日の仕事って変わりますよね。一人ひとりが任されている役割を超えて「創客」という目的に向かって行動できたら、強いチームがきっと創れると思います。

そのためにも、今の仕事を少しずつ進歩させていくのではなく、思い切ってジャンプするつもりで、大きく変える強い意志を持って進化しなければなりませんね。

23

創客こそがあなたの本当の仕事

～三ツ星レストランのシェフの名刺と見送り～

レストランを星の数で格付けするミシュランのガイドブックが、地方版も出版されるほど人気を博しています。

地元フランスでは、その星の数が集客に大きく影響するだけでなく、シェフの誇りでもあるために、毎年その発表には、ものすごいプレッシャーを感じながら仕事をしていると聞いたことがあります。

日本の三ツ星レストランとは、どの様なお店なのかと興味を持ち、ここ数年間、三ツ星レストランの食べ歩きをしてみました。もちろん料理はおいしいです。しかし、この価格なら当然の味という人もいます。

果たして一般的な人は、どのくらいその味の違いを舌で感じることができるのでしょうか?

そう考えた時に、おいしく感じさせる別の要素があるのではないかと思いました。

それは、「場」の雰囲気です。「こんなにきれいで素敵なお店だから」と見た目で判断すれば、その味をよりおいしく感じます。しかし、単に高級店と言われるだけのお店と三ツ星レストランを比べた時に、視覚的な要素だけではない相違点を私なりに感じたのです。

もちろんそれは、正式なミシュランの格付けとは関係のないものです。私が感じたのは、シェフのお客さまへの対応でした。

どの店に行っても、必ずシェフが調理場から出て来て、あいさつをしてくれます。もちろん、名刺もくれます。そして、帰る時には店外まで出て来て見送ってくれるのです。

以前に宿泊した宿があります。泊まった理由はそのホテル、宮城県蔵王町にあるホテル「蔵王メッツ」のオーナーに逢いたいと思ったからです。オーナーシェフである佐々木さんは、弊社が主催する「おもてなしセミナー仙台」に皆勤賞で参加してくれている人です。

一度仕事場に伺いたいと思っていましたが、ようやく夢が叶いました。そして、現場でそのホテルの人気の秘密を見たのです。

私が来るので、その朝に山に入り、1時間以上も歩いてそろそろ出るだろうという珍しいきのこを探してくれたそうです。コース料理の途中で、きのこの説明に各テーブルを回っていました。

もちろん、「○○さん、今日はご来館いただきありがとうございます」と、お客さまの名前を呼びながら、ご自身の名刺も渡していました。食事中はお客さまの大切な時間だからと考えて接点をつくることなくお客さまを帰していたら、次の来館は偶然の域を出ません。

仕事をするということは、その偶然を数％でも必然に近づけることです。そのために、あえてお客さまとの会話の時間を積極的に持つことを重視しています。

その結果が、たまたまお越しになられたお客さまが、次の予約をして帰るという奇跡を創り出しているのです。

その時には、新しいお客さまを連れて帰って来てくれるのです。

「人」が最大の商品となり、「またその人に逢いたい」あるいは、「口コミで聞いたその人に逢いたいから行ってみたい」という「きっかけ」を創造することが店の営業を変えるのです。

シェフはおいしい料理を作っていたらいいんだと思っていました。当然それは大切なことなんですが、いくらおいしい料理が作れたとしても、食べてくれるお客さまがいなければ、その料理を作ることも出来ないですもんね。

単純なことだけど、お客さまがいらしてはじめて仕事をさせてもらえる。「営業は、俺の仕事じゃない！」なんて傲慢な考え方だったんですね。

24

「おもてなし」とは相手に想いを寄せること

～いつもの行動にほんの少しの想いを込めて～


本当に暑い日が続いた夏のこと。

毎日出発するバスツアーを担当する多くの添乗員にとっても体力を奪われる過酷な業務が続くそんな日々でした。日帰りバスツアーに参加されるお客さまの多くは高齢者です。

お客さまにとっても、旅は楽しいけれど、体調管理が難しい夏でした。熱中症で命を落とされたというニュースもよく耳にしましたが、不安を覚えられる人も多かったことでしょう。

それでも参加して下さるお客さまがいます。その皆さんのために最幸の一日を！　と、一生懸命に顔晴る添乗員。しかし、中にはわがままなお客さまもいます。

そんなお客さまにも挫けることなく、頭の下がるような笑顔で、日々ただひたすらに「お客さまの思い出づくりのために」と、多くの添乗員が本当に顔晴っています。

寄せられるアンケートを見ながら、素晴らしい添乗員の行動に感謝をしていました。そんなアンケートの中に思わず感動したお客さまの声がありました。

その添乗員は、その夏、毎回お客さま方にあるものを配っていました。

「今日も暑くなります。でも、楽しい一日にしましょうね。はい。私から皆さんにちょっぴりプレゼントです！」

配られたのは、塩飴2個。それを受け取ったお客さまからの声です。

「これまで各社の旅行にたくさん参加して来ました。でも、こんなに温かく、本当に私たちのことを考えて下さる会社が地元にあった事をうれしく思います。飴を配ってもらった時、なんだ飴かと正直思いました。でも、その飴が単なる飴ではなく、熱中症予防のための塩飴であることを知った時に、思わず涙が出そうになりました。この町に住んでいて良かった。本当にそう思いました。これからもがんばって下さいね。皆さんは私たちの町の誇りです」

この話を、スタートの時からプロジェクトに参加させてもらっている、福井市の「おもてなしマイスター」の皆さんへの講演会で紹介しました。

その講演は、夜に1講演。翌朝に1講演というスケジュールでした。一日目の講演が終わったのが21時。翌朝が9時からです。

主催者である福井市役所の方は、後片付けや準備で、その前後1時間くらいはその会場にいらしたと思います。翌朝、8時過ぎに会場に着き、その控室に担当の方が来られました。「西川さん、昨夜咳をしていらっしゃったでしょう」と、のど飴と喉スプレーを持って来てくれました。時間のない中、わざわざ買いに行ってくれたのです。

おもてなしとは、「想ってなすこと」。相手の事を想い、その想いを面倒と思わず実行に移すことが大切なのです。

誰に対しても変わらない高いレベルのサービスを提供することは、とても大切なことではあります。

しかし、そこで得られるものは満足レベルのものでしかありません。これを「おもてなし」と勘違いされては困ります。

真のおもてなしとは、「個」に対する特別な行動であり、それは「必ず次もここへ」という成果を生み出す感動を創り出すものなのです。

子どもに飴をくれるけど、虫歯を気にするお母さんにとっては、ありがたいけどちょっとその飴は…。という話を聞いたことがあります。

良いサービスをしたつもりかもしれませんが、結局それは「もの」をプレゼントするだけであって、喜んでもらいたいという想いは届かないんですね。咳をしていたから、わざわざ時間を使って買いに行くって、気付いてもなかなか実行できません。そんな行動こそが「ＴＨＥ・おもてなし」というわけですね。

25

お客さまのわがままは、おもてなしの宝

～手間のかからないお客さまに感動提供はできない～

銀座にオープンしたホテルに泊まった時のこと。

部屋に到着すると日中のムッとした熱気が溜まっていて、汗が噴き出す感じがしました。冷房が効いていないのか？　一時的にでも強めて、室温を下げたいと思い、部屋の壁をくるりと見てみましたが、エアコンのスイッチがありません。入り口付近まで調べてみましたが、やはり見つかりません。

リモコンはないかと、机の上、引き出しの中と探しましたが、どこにもありませんでした。これは困った！ もう一度気持ちを切り替えて、ゆっくりと同じところを探しました。しかし、どこにもそれらしき物が見当たりません。そこで、仕方なくフロントに電話を入れることにしたのです。

ところが、その電話すら部屋のどこにも見当たらないのです。ようやく分かったのは、ベッドサイドにあったタブレットが室温や電話などのすべての機能を備えているということでした。これからこうしたホテルが増えていくのかもしれません。チェックインの時に一言、そんな案内があれば良かったのにと感じました。効き出したエアコンがあり、広いベッドと自宅のものより大きいテレビがあります。浴室には快適な湯舟と充実したアメニティ。冷蔵庫の中にはよく冷えた無料のお水…。

食事や買い物、ビジネス利用にも非常に良い立地にあるホテルでした。その分、料金は多少高くはありましたが、それでも納得して宿泊できるところでした。

しかし、それから1年間、同じエリアに何度となく宿泊していますが、そのホテルを利用したことは残念ながらありません。ただ快適に一泊を過ごすだけのホテルは、他にいくらでもあるからです。

京都御三家と言われる老舗旅館「炭屋」の女将堀部さんと話したことを思い出しました。

「最近のお客さまは、わがままをおっしゃらなくなりました。何でも自分で解決されてしまいます。こんなことを頼むと嫌がられるんじゃないか？　そのぐらい自分で解決してよ、と思われてしまうんじゃないか？　わざわざ手を煩わせなくても…とお考えになられるのか？　テレビのリモコンもあちこち探して見つけて、いろいろなボタンを触ってみて操作されます。お風呂のお湯も自分で栓をして、お湯を張って入られる」

「食事に行くお店もスマホで調べて、自分でご予約をして行かれるし…。私たちにしてみたら、楽なんですよ。でも、それが旅館のおもてなし力を弱くしているんです。昔はね。部屋からパンパンと手をたたかれて、はーい！　とお部屋に伺うと、暑いよ！　と言われて、窓を開けたり、水打ちしたりしたもんです。それで、この時間この部屋は暑くなると覚えて、次から同じ声がからないように前もって準備すべきことを一つひとつ学んだもんです」

「そんなお客さまとの関わりの中で、いろんな会話をしてお客さま自身のことも教えてもらったりして、ご出発までのおもてなしや、次にお越しになる時のおもてなしを考えていました。お客さまのわがままは、旅館を強くする宝物なのです」というものでした。

今のホテルは、何でも部屋に紙に書いた案内を置いて、足りなければまた追加しています。見るのも大変なくらいになっています。知りたい情報がどこに書いてあるのかを探すだけでも嫌になってしまいます。

なるべく人を介さずに、お客さまに必要な情報を届けることに意識が行ってしまっている様に感じます。もちろん、その方が煩わしくなくて良いという人もいるでしょう。しかし、人と接する機会が減れば減るほど、おもてなしでお客さまの心を掴むという本来のビジネスから離れていくように思います。

炭屋旅館の仲居は、部屋に来て、退出する度に、「他に何かお手伝いできますか？　思い立ったら、いつでも声をかけてください。内線○番にお電話くださいね」としつこいくらいに声をかけます。それをされると、手間をかけさせても許される旅館なんだと気持ちが楽になったものです。

「人」が商品とされる業種で、「人」との接点を無くすということは、自らのビジネスを否定することでもあります。「人」にはコストがかかるからということを理由にするならば、その「人」

を雇用できるだけの利益を得られるビジネスを目指さなければならないのです。雇いたくても「人」が来てくれないのであれば、働いてみたいという魅力あるビジネスにしていかなければならないのです。私たちは、本来のビジネスから逃げていないでしょうか？　世の中の流れだから仕方ないと…。手間をかけるからこそ、そこに感動は生まれ、私たちのビジネスはより魅力のあるものになるのです。

手間がかかりすぎるからお客さまに動いてもらう。お客さまもそれに慣れてしまっていて…。それってもはやサービス業の本来の姿ではないように思います。

価格競争がサービス業界をおかしな方向に導いているのかな。右に倣えではなくて、手間をかけるサービス業も必要ですよね。価格で選ぶ以外に選択肢がなくて、そればかりに偏り過ぎているのかもしれません。中途半端だから、おもてなしで利益を上げられないのではないでしょうか。

26

当たり前と信じていることを、一度は疑ってみよう

～誰かから教えられた行動が正しいと信じていないだろうか～

あるパーティーで出逢った方から衝撃的な話を伺いました。

その人は外食が好きで、いろんなところに食べに行かれていました。そして、多くの店で良いサービスを受けて、とてもうれしく、そしてありがたいと話していらっしゃいました。

その人は、車イスを使っています。バリアフリーと言われるようになって、多くのお店や施設がその対応に取り組んできました。段差があり、対応がまだ不十分なところでは、人が助けてく

れます。レストランに行くと、すぐにテーブルから一つの椅子が片づけられて、車イスでも楽しめる空間を笑顔で作ってくれます。本当にいつも感謝しています、という話でした。

しかし、その後にこう続けられました。

「車イスは、私にとって移動するための大切な道具なんです。私もいつか皆さんと同じようにおしゃれな椅子に座って、おいしい料理を食べてみたいですね」

ハッとしました。私たちが教えられてきたことは、バリアフリーという「もの」の改善でした。最近では、「心」のバリアフリーと聞くようにもなりましたが、車イスを使っている人たちの中に、そんな想いを持っている人がいることを今回初めて知ったのです。車イスから設置された椅子に移るのも大変な動作かもしれません。それを面倒だと思う人もいるでしょう。

しかし今、車イスの利用者には選択肢がないのかもしれません。当たり前の様に椅子が外されて、車イスごとそのスペースに案内される。手伝ってくれることに感謝しながらも、寂しさを感じていたのです。

私たちは何も考えずに、教えられた対応策をただ忠実に、そしてより上手にできるようにすることだけを考えていたのかもしれません。そこに大きなショックを受けました。食事のしやすい高さのテーブルや、座り心地の良い椅子をお客さまのために一生懸命に探してきたのに、車イスの人にはそれを使ってもらえないサービスを提供していたのです。

「もしよろしければ、今日は皆さんと同じ当店自慢の椅子でお食事をなさいませんか？　お手伝いさせていただきます」

提案として、そんな素晴らしい声のかけられるお店への進化もまた目指していくべきです。

最近は、レストランに行くと、予約をしたテーブルにメッセージカードが置かれている店が増えてきました。ひと手間かかる仕事です。もちろん、そのカードを見た時には、うれしさを感じます。しかし、そのカードに書かれている名前に違和感を持つことがあります。

講師を務める勉強会にご参加いただいている大切な経営者の皆さんと食事に行くことになりました。弊社スタッフの植野に、「会場近くの和食店で、良いお店を探して予約を入れてもらえる？」と頼んで迎えた当日のことです。テーブルに置かれたメッセージカードには、「ようこそ！　植野様」とあったのです。

それに気付いてすぐに「植野さん、あのメッセージカードは、片づけてもらおう」と話したことがあります。まさか、こんなサービスが実行されているとは彼も知りません。といって、すべての店に予約時に確認するわけにもいきません。

店側は、良かれと思って始めたことでしょうが、逆にそれがその集まりにとっては迷惑にすらなることもあります。もし、それが主賓のある集まりだったら、と考えるとゾッとします。単純に、予約者の名前を聞いて、その人の名前でメッセージカードを書いていたのでは、その労力は無駄になってしまうのです。

ご来店いただくお客さまに少しでも喜んでもらいたいと考えての行動であることは分かります。「どんなメッセージにしようか?」「どんなカードを使おうか?」などいろいろを考えながら進歩させて来たサービス行動は、『進化』の時を迎えています。

どの様な集まりなのかを確認すること。そして、誰が主役なのかを確認することが、『進化への道』です。

その先には、例えばご来店時に主賓の方のお名前を呼べないだろうか? その方に喜ばれることが、会を企画した幹事さんが最も満足することにつながりますから、おもてなしの目的そのものでもあるのです。

本当のバリアフリーは「もの」の改善ではなく、心の改善が必要ということですよね。せっかくフラットな造りにしているのにもかかわらず、扉が開けにくいお店もありますし。知識や経験がないから、分からない。だから教えられたことを信じて疑わずにただ実行し続けていたら、新しいサービスを生み出せなくなりますね。まずはやってみる！　でも、それをもっと良いおもてなしに進化させようという想いがないと、逆に退化して行ってしまいますね。

5章

「行動」に想いをプラスして『考動』に変える

～毎日のその行動を立ち止まって考えて、進化させる～

27

マニュアル行動より お客さまに寄り添う想い

～目の前のお客さまをよく見たら「考動」が生まれる～

その日はかなり激しい雨が降っていました。

最寄り駅から宿泊予定のホテルまで、傘を差し、キャリーバックを引きながら歩いて行きました。そこには、いつもの笑顔で迎えてくれるホテルスタッフがいます。

そして、いつもの様に、お荷物お預かりしますと笑顔でフロントまで運んでくれます。さらに、チェックインの手続きを始める時には、お疲れ様でしたと、おしぼりも出してくれます。

寒い日には温かいおしぼり、暑い日には冷たいおしぼりが提供されます。本当にありがたいサービスです。

手続きが終わると客室まで案内しながら荷物を運んでくれます。部屋の説明をして、「他に何かご不明な点はございませんか？」と聞いた後に、内線電話の案内をして、丁寧にお辞儀して部屋を出て行きました。

彼らには、研修を受けて磨き込んだ身のこなしと笑顔、そして言葉づかいがあります。素晴らしい対応です。

でも、おしぼりは何のために手間をかけて提供されているのでしょうか？　他のホテルとは違うワンランク上のサービスを提供しようと考えての行動かもしれません。

客室係も毎日の仕事の中で、案内の分かりやすさや身のこなしを高めながら、お客さまとの会話力なども高めてスキルアップを目指しているのかもしれません。

しかし、大切なことは、おしぼりでもなければ、かっこいい身のこなしでもありません。マニュアル行動ではなく、お客さまに寄り添う想いが大切なのです。

客室係が部屋を出た後に、部屋まで運んでもらったキャリーバックから仕事で使うパソコンを取り出すために私は何をしたでしょうか？　ズボンからハンカチを取り出し、雨に濡れたキャリーバックを拭かなければならなかったのです。なんとも言えない気分になる瞬間です。ここまでに何人のホテルスタッフと出逢ったことでしょう。毎回繰り返される行動です。特別不満を感じていたわけでもありません。

同じように雨の日に宿泊をした別のビジネスホテルでは、おしぼりなどはありません。客室係もいません。

ところが、フロントでチェックインの手続きをしている時に、もう一人いたスタッフがバックオフィスに消えて行きました。そして、別の扉から出てきて、私の方に歩いてきました。手に何か持っています。すると、雨に濡れたカバンの前にしゃがんで、「拭かせていただいてもよろしいですか？」と真新しいタオルを手に声をかけてくれたのです。

感動しました。これまで雨に濡れたキャリーバックを手に多くのホテルで宿泊しました。しかしラグジュアリーと言われる様なホテルでも体験したことのないおもてなしを初めて受けたのです。

この二つのホテルスタッフの行動の違いは、どこから生み出されるのでしょうか。任された仕事に真剣に向き合うスタッフの気持ちは同じでしょう。違ったのは、マニュアルを超えた最良の方法をその場で考えて動くという「考動」にあったのです。

決められた行動をおもてなしとして実行するのではなく、お客さまをちゃんと見て、寄り添う想いを持って、自分に何ができるかを考えて行動する「考動」ですね。もっといろんな「おもてなし考動」が出来るような気がします。お客さまとの出逢いの数だけ、「考動」を創り出せる気がして来ました。

28

少しの手間で、その「考動」から生まれる価値が変わる

〜日本一の家族写真を残す観光地〜

それを目にした時、思わず笑ってしまいました。

そして、次の瞬間に悲しくなってしまいました。以前からそれは目にしていましたが、先日京都を訪ねた時に、その多さに愕然としてしまったのです。

三脚に代わる「自撮り棒」。すでに多くの人たちに知られた商品です。

カップルで、グループで、そして、外国人観光客がこの「自撮り棒」を使って写真を撮ってい

ます。これが今の観光地で当たり前となった光景です。確かに昔から、三脚やセルフタイマーといった自撮り用の商品や機能はありました。しかし、デジカメが軽量、薄型になり、スマホが主流となった今、それに代わり「自撮り棒」が観光地の光景を変えたのです。

以前にこんなことがありました。娘たちと昔の家族旅行の写真を見ていた時のこと。

「この時は、パパは行かなかったんだね。だって、写っていないもん」

ショックでした。確かに私が写っている写真は一枚もありません。家内が代わると言ってくれましたが、新しいカメラだったこともあり、その時は全ての写真を私が撮っていたのです。そんなことがあってからは旅行の時には、誰かに撮ってもらおうかと考えることがあります。

でも、シャイな私にとっては、それは非常に勇気のいることです。断られたらどうしよう。嫌な顔をされるかもしれない。そう考えて躊躇する人も多いのではないでしょうか。

そう考えると確かにこの「自撮り棒」は画期的なもので、ニーズに応えた素晴らしいアイデア商品だと思います。そして、何よりも便利で楽しい商品です。

しかし、これで本当に良いのでしょうか？　商品を否定するつもりはありませんが、おもてなしが叫ばれる中、観光地においてこの光景を当たり前にしてしまって良いのでしょうか。20年以上前から観光地や観光施設にお願いしていることがあります。それは、「家族全員の笑顔を一枚の写真に残せ！」です。

4人の家族旅行で、撮影者の誰かが写っていない3人だけの写真ではなく、4人全員の笑顔の写真を家族に思い出として残してあげること。ここに徹底的にこだわって下さい。「シャッターを押してもらっても良いですか？」と、気軽に声がかけられないようではいけません。それ以上に「撮りましょうか？」と温かく声をかけるおもてなしの心を持った「人」がたくさんいる観光地であって欲しいと思います。

その観光地の「おもてなし度」を表すバロメーターが「自撮り棒の数」です。皆さんの町に、「自撮り棒」が増えてきたら、それは赤信号だと認識しなければなりません。

積極的にスタッフから声をかけて家族やグループ、カップルの写真を撮ってくれる観光施設もあります。撮ってもらった写真には、家族みんなの笑顔が間違いなく写っていました。

しかし、私にとってそれでもその写真はまだ満足のいくものではありませんでした。美しい背景の一部が切れてしまっていたりするのです。お気づきになりましたね。背景によっては、カメラを縦にするというちょっとした手間が必要な場合もあるのです。

４人の笑顔が写っていても背景が切れてしまっては、せっかくの写真が台無しになってしまいます。このひと手間の「考動」こそが、最幸のおもてなしなのです。

観光客に来て下さいとキャンペーンをしているところに行っても、その地域のおもてなし力が低ければ、「もう行った観光地」ということで、次は別のところに行きますよね。でも、素敵なおもてなしを受けたら、「またここに来たい！」って思うはず。集客することばかり考えていると、いつか来る人がいなくなってしまうかもしれません。

29

最後までお客さまを想って考動するおもてなし

～ポツンと置かれた椅子に込められた想い～

その店との出逢いは、㈱観光ビジネスコンサルタンツ創業時のこと。

当時開催をしていた勉強会の福岡での開催にあたり、全国から集まってもらう経営者の方々に楽しんでもらいたいと探し当てた店でした。

福岡に行く機会がまだ少なかった頃で、随分といろんなお店を調べました。そして、「ここだ！」「ここしかない！」と見付けたのが、今ではとても親しくしているレストラン「御料理茅乃舎」です。

創業明治26年の醤油醸造所「久原本家」の飲食部門として、2005年に開業したレストラン。博多駅から、高速を使って約40分。本当にこの道で合っているのか？ と思うくらいの山の中に入って行きます。シーズンには、何度も鹿の親子を見かけたことがあります。6月には、山全体が光っているのではないかというくらいに、見事に蛍が舞います。

今では日本全国にショップ展開をしていて、化学調味料・保存料無添加の焼きあご入りの「茅乃舎だし」は、どの店でも大人気です。はじめて行った時に買いましたが、それ以来、我が家は、その出汁を愛用しています。たくさんの人に紹介しましたが、家の味噌汁が劇的に変わった！と喜んでもらっています。その後に開催することになった「おもてなしセミナー福岡」にも皆勤賞でご参加いただいている店です。

何度目かに訪ねた時のこと。予約時に、ご一緒する人たちの名前を聞かれました。当日に伺うと掘りごたつ式になった個室を用意してくれていたのですが、「西川さんはこちらに。〇〇さんは、こちらに」と前もって伝えていた名前を一人ずつ呼んで席に案内されました。

そして、よく見るとテーブルに敷かれた紙のマットには、一人ひとりの名前が書かれています。

しかも、花を装飾した花文字のひらがなで印刷されていたのです。「すごいですね！」と、思わず声を上げると「実はですね。（あ）の字は、アザミです。（た）の字はタンポポです。すべて、それぞれの（あいうえお）が頭に付く花で書いています」それを聞いた皆さんが感激しながら、「私のこの字は、何の花ですか？これは、何ですよね？」と、興味津々で、食事の前から最幸に盛り上がりました。

今でも、いろいろな勉強会の機会に、レストラン「御料理茅乃舎」のこの雰囲気を感じてほしいと、皆さんを連れて伺っています。

そして、その日の食事が終わり、個室を出た時に、感動風景に出逢いました。

私たちが利用した個室前の通路に、一脚の椅子がポツンと置かれていたのです。片付け忘れか、次の準備？それとも、たまたま運ぶ途中で置いたの？と一瞬思いましたが、ご一緒した人がそれを見て、「西川さん、鳥肌が立ちました！」と感激しながら声をかけてきました。「どうしたんですか？」と尋ねると、「これです」と。その人がその日履いていた靴は、膝丈のロングブーツだったのです。お気に入りのブーツだけど、脱いだり履いたりする時に、いつも苦労するので、座敷などの食事会には履いて行けないブーツだとおっしゃるのです。特に履く時は、こんな椅子があると本当に助かるということでした。
ポツンと置かれた椅子。他の部屋の前にはありません。
お客さまの今日の履物を見ての「おもてなし考動」そのものだったのです。

ロングブーツは私も持っていますが……これ、私がしてもらったら絶対友達に話しちゃいます。「これってすごくない？」って。こうしたおもてなしに気付けるスタッフが、そのお店からいなくなると、なくなってしまったりする「おもてなし考動」なんですよね。一人の気付きがその店の強みとして定着して行ったら、きっとおもてなしのレベルはすごく上がっていくと思います。

30 繰り返えす「当たり前」の行動に疑問を持つ

～あなたは、目の前のお客さまを本当に守れているのか～

ホテルに宿泊する時に渡されるルームキー。最近ではカードキーが多くなりました。そして、それを入れる厚紙でできた二つ折りのキーケース。

翌朝、カードキーをそのケースに入れてチェックアウトをしました。カードキーを抜きとり、機械に通して顧客データを呼び出します。「冷蔵庫のご利用はありませんか？」―ありません。

「では、お支払いは、すでにいただいておりますので、特に追加の精算はございません。ありがとうございました」これでチェックアウト終了です。

ところが、実は返したキーケースの中には、時間がなくて食べられなかった朝食券が入っていました。朝食券をキーケースから取り出す行動はありました。

しかし、「朝食はこれからですか？」という声がかけられることは、どのホテルでもほとんどありません。食べる、食べないは確かにお客さまの自由です。しかし、わざわざ料金のかかる朝食付きプランで予約していたお客さまが、朝食券を使っていないのです。

予約は数日もしくは数週間前ということもあります。チェックイン時の説明が不十分で、お客さまも朝食付きプランで予約をしていた事をすっかり忘れてしまっていたのかもしれません。

その可能性があると気付けば、これは確認をしないといけない！　という「考動」が生み出されます。決してスマートにスピーディーに、そして間違いのない行動を取ることが仕事ではありません。

ひょっとすると滞在中に体調を崩されたのかもしれません。あるいは、なにか不手際があって気分を害されているのかもしれない。それらを知ろうともせずお客さまを帰してしまって良いのでしょうか？

お客さまをリピーターに変える最後のチャンスだったのかもしれないのです。あるいは、寝坊してしまい急いで仕事先に向かわなくてはならないお客さまに「タクシーのご準備をいたしましょうか？」と、先を読んだおもてなしができたかもしれません。

教えられた仕事を一生懸命にこなしていくのではなく、目の前のお客さまに、また来ていただくための「考動」に想いを寄せましょう。

あるホテルで同様に朝食を取らずにチェックアウトしました。

朝食券を手に「お食事は、これからお取りいただけますか？」と声をかけてくれたのです。

「ちょっと時間を勘違いして、急がないと新幹線に間に合わないんです」と答えると、

「そうなんですね。それでは、少しだけお待ちいただいても良いですか？」と、フロントから事務所の方に入って行きました。

すぐに出て来たスタッフの手には小さな紙袋がありました。

そして、「お荷物になるかもしれませんが、よろしければ新幹線の中でお食べいただけませんか」と。その袋には、サンドイッチとジュースが入っていました。

すべての宿泊者に朝食が付く別のビジネスホテルに宿泊した時には、チェックイン時に「明日

の朝食は7時から…」の説明がありました。しかし、翌日は、6時過ぎには出発しないといけない予定でした。それを伝えると、「では、少しお待ちください」と、バナナとパンとジュースが入った袋を持って来てくれました。

「このお客さん、朝食も取らないで出発か…大変だなぁ」と傍観者にならずに、もっと目の前のお客さまに想いを寄せて考えれば、他と違う「おもてなし考動」が生まれます。

目の前の仕事をミスなくこなすことに精一杯で、そこまで気が回らない。よく聞くセリフですね。分かるんですよね、その人も一生懸命なんだって。でも、それに甘えていたら成長しないですよね。ミスをしないことも大切ですが、仕事よりお客さまに真剣に向き合わないと。

そうすれば、きっと「いいね！」って喜んでもらえる「おもてなし考動」を思い付くんじゃないでしょうか。

31

その仕事は何のためにやっているのかを考えて考動する

～お客さまに悲しい想いをさせていませんか？～

2019年に、理事長である香川県の琴平バス（株）の代表楠木泰二朗さんと共に、事務局長として「日本ご当地タクシー協会」を立ち上げました。

その一周年の記念事業として、お世話になっている「（一社）日本ご当地キャラクター協会」が主催する福島県白河市でのイベントに参加させてもらうことになりました。

イベントへの参加が決まってから、十分な時間がありません。そんな中、日々、業務に忙しい経営者の方々と連絡を取り、準備を始めました。用意してほしいものやチラシ作成用の写真など、必要事項のやり取りを繰り返しながら、時間が過ぎて行きました。

そして、数ヶ月後、いよいよイベントが開催される日を迎えました。

「西川さん、朝から会場準備したいので前日入りしますね」と張り切るスタッフをうれしく思いながら送り出しました。私も早めに到着できる様に、前日に東京まで入り、翌朝会場に向かったのです。

到着すると、彼が忙しく動いています。

「あれもこれもしたい。しかし、時間がない。間に合わない」との想いを胸に、会場に集まってくれた協会メンバーの人たちに指示を出しながらの大活躍です。

最後まで一生懸命に動いてくれた彼の存在失くして、このイベントの成功はなかったと誇りに思っています。しかし、そんな彼にも一度だけ、私を激怒させた瞬間があったのです。

オープニングのあいさつが始まる少し前のこと。フェイスブックで友達になっている人からメッセージが届きました。別の友達を通じて、友達になった人からです。

まだ逢ったことはありませんが、白河にお住まいなのは知っていました。メッセージには「時間があればお逢いしたい」とありました。忙しい人なのに、わざわざ時間をつくって逢いに来てくれるということをうれしく思い、会場で待つことにしました。

しばらくして、その人がブースまで来てくれました。名刺交換をして、ほんの短い時間でしたが、出逢いを喜びながら楽しく話をしました。

「では、そろそろオープニングですね。お忙しいでしょうから、私はこれで失礼しますね」と、ブースを離れようとされた時に、「一緒に写真を撮りませんか？」と私から声をかけました。

「それはうれしいですね。ぜひ！」と。そして、スタッフに「シャッター押してくれる？」と頼みました。すると「今、無理です」。確かに、最終の準備がまだ終わっていません。ブースに来られるお客さまもちらほらといます。責任感が強い彼の焦りは伝わって来ていました。

無事に二日間のイベントが終わり、彼と話す時間ができた時にこう伝えました。

「今、無理です。あの言葉を聞いた相手の人は、どう感じるだろうか？　それを考えると、私はとっても悲しかった。忙しくて時間のないあなたに、不用意に頼んだ私が悪い。でも、出てしまった言葉は、無かったものにはできない。受けたあなたが、気の利かない私のフォローをしてくれないと」

ある時とても急いでいる中、空港にあるショップに立ち寄りました。その日忘れて来たベルトを買うためです。少し離れたところにいるスタッフに声をかけました。その人は手に持った書類を見ていましたが、チラッと目を上げて、また書類に目を戻しました。途中まで目を通しているので、切りのいいところまでと考えたのでしょう。まだ読み足りないのか、足をこちらに向けながら、まだ書類を見ていました。

その瞬間に私は、「大丈夫です！」と断って店を離れることにしました。彼女は無言で、また書類のところに戻って行きました。本音を言えばベルトをしていないわけですから、大丈夫なはずがありません。

今しなければならないあなたの仕事とは、何でしょうか？　納品された商品と伝票の確認も大切な仕事です。しかし、お客さまへの対応。そして、そのお客さまをリピーターにするおもてなし行動以上に優先しなければならない仕事があるのでしょうか。

「それはダメ！」。

私のクライアント企業で起こったことであれば、その場で声を上げていたことでしょう。一生懸命に仕事をすることはとても尊いことです。しかし、その行動にお客さまへの想いをプラスしたら、さらに輝く「考動」となるのです。

そのスタッフさんと同じ状況だったら、私も同じことを言ってしまうかもしれません。「この忙しい時に。今の状況を見て指示を出してほしい」って。そんな時に、聞こえない振りをする人もいますが…。

でも、その姿をお客さまが見ているとしたら、ドキッとしてしまいます。お客さまがいてくれるから、私たちは仕事をさせてもらえるんだということを忘れてはいけません。おもてなしは、その先にあるんですよね。

32

お客さまになってみることでおもてなし考動が生まれる

~サービス提供者として、お客さまになることを積極的に~

アジアでも漢字を使う国に行くと不便に感じることがあります。

タクシーでホテルまで戻る時に、英語のホテル名を言ってもドライバーがその英語名を理解していない場合があります。漢字名は発音ができませんし、メモに書くにも難しい漢字を覚えていません。

そこで、外出する時は、漢字名の書かれたホテルカードを必ず持って出ることにしています。

これで困ることはほとんどなくなりました。ところが、町で乗ったタクシーに、レストランまで行ってもらいたいと思うと、その店名をうまくドライバーに伝えられません。持っていた地図を見せながらの、なんとも恥ずかしい旅になりました。

ホテルから、市内の店にタクシーで向かう時も同様です。タクシーに乗り込んでから出発するまでに時間をかけて、その店を伝えなくてはならず、とてもストレスのかかる時間でした。


台湾に行った時のこと。入り口に立つドアマンが笑顔で、「タクシーを使うか？」と聞いてきました。お願いすると、「どこまで行く？」と聞かれました。目的地を伝えると、「そこだけか？」と尋ねて来たのです。

その後に行きたい場所も伝えると、彼はポケットからメモを取り出し、行きたい場所を漢字で書いて渡してくれました。そして、初めに向かう場所をドライバーに伝えてくれたのです。この行動の原点を聞いてみると、ご自身が日本に旅行に行った時の困った経験を仕事に活かしたということでした。

「ドアを開けてもよろしいですか？」と、ドライバーから声をかけられること自体がとても珍しいことです。目的地に到着して支払いが終わると、お客さまの都合を聞くわけでもなく「ドアを開けます」と言ってドアは開かれます。

その日は、雨が降るとっても寒い日でした。目的地に到着して、支払いを終えて、クレジットカードと領収書を財布にしまいました。そして、荷物に手を伸ばした時に、いつもと違うことに気付きました。

いつもなら感じる寒さ。激しい雨の日には、車内に吹き込んでくる雨。それが、その日はなかったのです。私の降車の準備ができるまで、ドアを開けずに待っていてくれたのです。その行動がうれしくて声をかけてみました。

「ありがとうございました。おかげでゆっくりと降りる準備ができました。いつもこうしているんですか?」と。すると、「ドアを開けると多くのお客さまは、慌てて降りようとされます。その時に忘れ物をしたり、焦って荷物をひっくり返したりされるんです。だから、ゆっくりと準備をしてもらえるようにできる限りやっています」

こんな明確な意思を持つ「おもてなし考動」の説明をしてくれました。さらに聞いてみました。

「会社からの指示ですか?」「いいえ、そういう訳ではありません。私もタクシーに客として乗ることがあるんですが、さっさとドアを開けられると、早く降りて下さいと言われているように感じるんです。それが嫌で…」

日々、利用者から多くの声が寄せられていることでしょう。ほめてもらえる声もあれば、厳しいお叱りの言葉もあります。中には理不尽な声もあります。その一つひとつと真剣に向き合い、常に改善しながらお客さまの満足度を高めていくことが大切です。

しかし、お客さまから不満の声が少なくなったといって喜んでいてはいけません。お客さまが不満を自覚していないような些細なことに気付けるかどうかが次に大切なことなのです。

その発見には、自分が客となってそのサービスを受けることです。お客さま自身も今のサービスに慣れてしまって、特に大きな不満を感じることもなく、といって決して満足しているわけでもなく、こんなものだろうと利用し続けているだけなのかもしれません。

このドライバーの様に、自分自身の体験から、お客さまの「いつも」の期待を超えるような対応が創造できた時に、一気にその人やその企業のファンを創ることができるのです。

だから、西川さんはよく、体験しろ！っておっしゃるんですね。学ぶべき課題を持って研修に挑むことも大切ですが、それだと視点が広がらないとも言うし…。お客さまの立場からでないと見えないことがあるっていうことですね。

一人のお客さまとして、そのサービスを純粋に楽しもうとすれば、想ってもみなかったところで「おもてなし考動」に出逢えるんですね。

6章

プラスの言葉が「もの」を「こと」に変えるおもてなし

～使う言葉でおもてなし行動の価値が高まる～

33

プラス一言で価値を創るおもてなし

～機械以上の仕事ができていますか？～

旅行の相談に来店されたお客さまに旅行会社のカウンタースタッフは、どんな夢や感動を提供できているのでしょうか。

端末を操作して、空席があったら予約を入れ、そして、お金をいただいて終わりといった接客だとしたら、わざわざ、寒い中、あるいは暑い中、忙しい中に来店してもらうだけの価値はないでしょう。

インターネットで簡単に予約ができる時代です。お客さまがお越し下さる価値とは何かを、私たち自身が知ることから仕事の在り方を変えて行きましょう。

ネット時代の今、お客さまは、旅行の申し込みのためにわざわざ多くのストレスを抱えながら来店する必要性はもはやありません。しかし、変わらず旅行店舗に多くのお客さまが来店しているとしたら、間違いなくそこに価値を感じてくれているのです。

順番待ちがあっても、定休日があっても、営業時間に合わせて来てくれるお客さまの期待を決して裏切ってはなりません。

東京にオープンしたホテルに行きました。フロントには、人ではなく笑顔のロボットがいるホテルでした。センサーで感知し、入って来たお客さまに声がかけられます。

「いらっしゃいませ。チェックインの手続きは、左の機械でどうぞ」

ちょっと試してみようと、そのロボットに向かって、「近くにおすすめの食事場所はありますか？」と尋ねてみました。しかし、返事は、「いらっしゃいませ。チェックインの手続きは…」が繰り返されるだけでした。

しかし、ＡＩ技術が進歩していけば、いずれそんな質問にも応えてくれるようになるのでしょう。さらには、ホテルに入った瞬間には、顔認証をして過去の宿泊情報から、「西川様、お帰りなさいませ！」と声をかけてくれる日もそれほど遠い未来の話ではないかもしれません。

チェックインの手続きは人が対応しても、清算は機械に移動して操作するというホテルが増えています。果たしてこうしたホテルのフロントに人は本当に必要なのでしょうか？　何度宿泊しても、宿泊者カードに必要事項の記入を求められるホテルもまだ多くあります。

タブレットを見せられて、記載事項に変更がなければサインだけをすれば良いホテルも増えて来ました。しかし、そんなホテルであっても、フロントスタッフと交わす言葉は、隣でチェックインをしている初回客と変わりません。

また、予約を入れた客室プランに合う空室をコンピューター端末から見付け出して、キーを渡すという作業には時間もかかります。当たり前のようにフロントで繰り返される業務に、これであれば機械で対応してもらった方が早いのではないかと疑問を持つ機会が少なくありません。

旅行店舗スタッフや、ホテルのフロントスタッフを例として、私達サービス業に携わる者は、AI以上の仕事が本当にできているのでしょうか？　実はその価値は、「使う言葉」によって生み出すことができるのです。

素人であるお客さまが、旅行会社の「人」の接客に期待していることは、旅行のプロとしての提案です。それにも関わらず、「選ぶのはお客さま」とか、「好みは人それぞれ」といった言葉で責任を放棄するような接客をしていてはなりません。

「良い旅行を選んで下さいましたね。この旅行なら間違いなく、今回のお客さまの夢を叶えられる旅になるでしょう。楽しんで来て下さいね！」

そんな言葉をもらって出発する旅は、おそらくお客さまにとって忘れられない旅となるでしょう。接客者の言葉とはそんな強い力を持っているのです。

人手不足を補う機械やＡＩの発達で、私たちの働く場所がなくなりつつある時代ですが、それって機械に負けてしまったということでしょうか？　サービス業で働く私たちって、そんな仕事しかして来なかったのかなぁ…。悔しいですが、そうかもしれませんね。不愛想な顔をして、渋々やっていたら、お客さまも機械を選んでしまうと思います。それは、機械が便利だからということだけでなく、不快な思いをするくらいなら、ということですね。つまり、裏を返せば「おもてなし考動」があれば、新しいサービス業界の姿を創造できるのではないでしょうか。

34

感じる力でおもてなし力を高める

～言葉のチカラを信じよう～

講演で訪ねた佐賀県武雄市に、2013年のリニューアル以来、多くの利用者を集めている有名な図書館があります。

その中には、視察や観光のお客さまも多く含まれていると聞き、講演前の準備を兼ねて、図書館を案内してもらいました。

コーヒーの良い香りがする館内では、テーブルで食事をしている人も多く、まるでホテルのラウンジにでも来たかのような開放的な大きなガラス窓と高い天井。並んでいる本がインテリアの様に感じる素敵な空間でした。

しばらく講演内容のイメージをした後に、食事をとることにしました。館内に入っているスターバックスでサンドイッチとコーヒーを頼みました。「店内でお召し上がりですか？」と聞かれて、「はい」と答えると「ではサンドイッチを温めますね。しばらくお待ちください」とのこと。

そして、温めてくれたサンドイッチを受け取る時に、本当に素敵な笑顔で、ニッコリと笑って「これ、おいしいですよ！」という一言を添えて渡してくれました。

どこでもよく聞く「お待たせいたしました」というだけの言葉とは違い、そのサンドイッチは特別においしく感じるものに変わったのです。


以前テーマパークでお土産を買った時に、「良いものを選んで下さいましたね。これ、私も大好きなんです！」と声をかけてくれたスタッフと出逢いました。

何気なく選んだ商品です。他にもっと良い商品があるかもしれません。でも、限られた時間の中でゆっくりと探すわけにもいかず、迷った末に手に取った商品です。

そんな私に、その言葉は、大きな力をくれました。「これで良かったんだ！」いや、「これが良かったんだ！」と。当然ながら、そのお土産を渡す時には、「これね、スタッフの人が私も好きだって言ってたものなんだよ」と言葉を添えて渡すことで、単なる「もの」が「こと」化して喜んでもらうことができたのです。

日々何となく聞き流している言葉に意識を向けましょう。

心が喜ぶような言葉をキャッチする力が、明日あなたの前に立つお客さまを笑顔に変える接客を創造するのです。

キャッチする力とは、「感じる力」です。良いサービスを受ける力のない人に良いサービスは提供できません。人は等しく良いサービスを受けているものです。

しかし、同じサービスを受けても、良いサービスと感じられるか、何も感じずに見過ごしてしまうか、これが「感じる力」の差です。感じる力を付ける方法は、接客者から話しかけられた時には、しっかりと相手を見ること。そして、一呼吸おいて「ありがとう」と返すことです。

いい加減に聞いて、ただ条件反射的に「ありがとう」と言うだけではいけません。その機会を増やすことと、ニッコリと笑って言葉に想いを込めて感謝を伝えることを意識するのです。

その繰り返しの中で、「感じる力」のアンテナはどんどんと高くなり、良い言葉に多く出逢えるようになるのです。

単なる「もの」でしかないお土産が、「これってね…」という「こと」に変わり、価値が上がる。もらった人の笑顔が思い浮かびます。レストランでも、単なる料理説明だけでなくて、こうした遊びの言葉をかけてもらえるとうれしいですね。

そもそも料理や食材の説明って、その場だけのもののように感じていました。「へぇー」なんて答えていながら、次の瞬間もう忘れているということがよくあったんです。記憶に残って、目の前の人を幸せにする言葉っていいですね。

35

かける言葉が最幸の思い出にもなる

〜使う言葉が目の前の人の記憶に残る〜

講演を聞いてくれた観光ガイドの方から手紙をいただきました。

その人は、ある雨の降る日にお客さまを案内したそうです。後日、そのお客さまから手紙が届きそこには、こんなことが書かれていたのです。

「私は仕事人間でした。家庭を顧みることもなく、毎日のほとんどの時間を仕事に費やして来ました。そして、今年、定年を迎えました。これまで苦労をかけて来た家内に、ほんの少しのお詫びにと思い、二人で旅行に行くことにしました。行き先は、新婚旅行で行った鹿児島です。申し込みも終えて、その日が来ることをワクワクと楽しみにしていました。

ところが、出発当日はあいにくの雨。それどころか、旅行中はずっと雨でした。気分が滅入って来ました。家内との会話も少なくなり、こんなはずではなかったと、なんだか悲しい気持ちになっていたんです。そんな時にあなたと出逢いました。そして、忘れられない言葉を私たちにかけてくれたんです。

お寺を訪ねた時に、━ご覧ください。今日はあいにくの雨ですが、日ごろの汚れが流されて、あんなに美しい苔を見ていただくことができました。いい日に来て下さいましたね‼━。どれほどその言葉に救われたか分かりません」

雨という現実を変えることはできません。しかし、お客さまに残す思い出は、ガイドの気の利いた言葉で大きく変わったのです。

あるタクシードライバーに、お世話になっている旅館から翌日のガイドタクシーの予約が入ったそうです。

「あなたにお願いしたいんです！」と強い要望でした。翌日お客さまと逢って、その意味が分かったそうです。出逢った瞬間のお客さまの第一声は、「運転手さん、私たちってそんなに貧しく見えますか？」でした。

驚いたドライバーに女将さんが教えてくれました。

ご夫妻での旅行を何日か楽しみながら、その旅館に到着された時の様子が変だったので女将さんが聞いてみたそうです。すると、今日まで多くの機会にタクシーを利用しました。皆さん親切な方でした。

でも、皆さんがこうおっしゃるんです。「タクシーで観光しませんか？ お安くしますよ」と。安くします、安くしますと言われる度に、そのご夫婦は、実は傷ついていたわけです。安い方がいいんです。でも、せっかくの旅行中にそれを繰り返されると、だんだん気分が滅入って来たそうです。このお客さまをこのまま帰してはいけない。それでは地元の恥だ。リカバリーできるのは、あなたしかいないと思いそのドライバーに直接連絡したとのことでした。

良かれと思って発する言葉や、普段から何気なく使う言葉が、相手を傷つける言葉になっているかもしれません。

言葉は、人を元気にもするし、大きな勇気を与えるものにもなりますが、その反面、凶器にすらなることを忘れずにあなたが使う言葉を大切に磨いていきましょう。

何気なく普段からお客さまに使っている言葉って、その場の言葉だから他のスタッフには分からないものですよね。一度、みんなで検討してみる必要があると思いました。

それは、こういう風に受け止められるかもしれないという風にです。せっかく素敵な所作があっても、たった一言がお客さまを傷つけたり、信頼をなくすことにつながっているのかもしれません。西川さんが良く企業でされているロープレ研修って、そんな役割もあるんですね。

36

ルールを破るおもてなし

~それは、お客さまのためのルールですか~

「お時間がないのですか？　では、早めにお店を開けますので、ぜひ、お越しください」

観光案内所でもらったパンフレットに載っているお店に電話をして、3軒目。うれしいその言葉に、ここ岩国に来て良かった！　と、心から思った瞬間でした。

どうしても食べてみたかった名物「岩国寿司」。しかし、新幹線の新岩国駅に戻るバスの時間までに残された時間はわずかでした。時間は午前10時半少し前。ところが、岩国寿司を食べられる周辺のお店は、11時か11時半からのオープンです。

次のバスでは、予定している新幹線に間に合いません。岩国寿司は無理かな、とあきらめモードで電話した3軒目…。その素敵な対応をしてくれる店に出逢ったのです。

「一人だけなんですが、そんなご無理をお願いしても大丈夫なんでしょうか？」

「折角ですから、どうぞお越しください。11時からなんですが、開けてお待ちしていますよ！」

到着すると、「先程お電話をいただいた方ですね。雨の中をありがとうございます。どうぞ、どうぞ」

２階へ案内されて上がって行くと別の人がいて「お待ちしておりました」と嫌な顔もせずに笑顔で声をかけてくれました。

観光地の一等地にあるお店です。実は接客などまったく期待していませんでした。

にもかかわらず、これは現実なのかというくらいに期待を超える「素敵な言葉」で迎え入れてくれました。そして、さらに素晴らしい言葉が続きました。

「折角お越しいただいたのに、雨で残念ですね。でも、雨の日に錦帯橋を渡る色とりどりの傘って、情緒があって、私は好きなんです」

正に、そう思いながら、錦帯橋を眺めていたところでした。錦帯橋に着いて小一時間。散策しながらそれなりの数の人に接してきました。雨に濡れない店内で、傘を差して歩く観光客の心情を気遣ってくれた人は、残念ながら誰ひとりとしていませんでした。

これは、多くの観光地で起こっていることです。

雨の中、来てくれたお客さまへの感謝の気持ち。伝えなければ伝わらない想いです。訪れる誰もが、その雨を残念に思っています。晴れている日が良い事など誰もが知っています。
「雨の日も良いんだよ」「雨の日が良いんだよ」

地元の人から、そんな声をかけてもらうと、うれしくなってしまうものなのです。

そしてもう一つの問題。一度切りのチャンスに私たちはどう向き合い、それに応えられるかです。営業時間というルールがあります。でも、単に会社が決めたルールだけなのであれば、そして迎え入れることができるのなら、そのルールを破ることも「おもてなし」なのではないでしょうか。

もちろん、それによって十分な対応ができないなら、そうすべきではありません。できるにもかかわらず全てのお店に断られていたら、ひょっとすると、生涯、私は岩国寿司を食べることができなかったかもしれません。

その素晴らしい対応に、今度は家族を連れて…。そう思っても当たり前です。これが「おもてなし」による観光地経営につながる神髄です。

わざわざたくさんあるお店の中から選んで連絡をくださったお客さまをお断りするにしても、かける言葉でマイナスにもプラスにもなりますね。営業時間まで、雨の降る中や暑い中にお客さまを平気で並ばせているお店って、お越しくださるお客さまをどの様に考えているのかなぁって思っちゃいます。

やはり、お待ちいただくにしても、そのお店のおもてなし度って正確に現れますよね。

37

結果は同じでも伝える言葉で印象は大きく変わる

～その言葉は、お客さまの心にどんなイメージを残すものですか～

航空会社での研修をしていた時のこと。

オブザーバーとして毎回参加してくれているスタッフの人から「今、少しいいですか?」と声がかかりました。

「ちょうど今、話し合ってもらっている件でメールが入ったので報告します」とのこと。お客さまから届いた声です。ＣＡの言葉をうれしく感じましたという内容でした。

「淹れたてのおいしいコーヒーをすぐにお持ちいたしますね」

この言葉は、機内でドリンクサービス中に、コーヒーがなくなってしまった時に、研修に参加してくれていたＣＡがお客さまに発した言葉です。今までだと、

「申し訳ございません。あいにく今、コーヒーを切らせてしまいましたので、しばらくお待ちいただけますか？」という言葉が多く使われていました。

研修で伝えたことは、このような場合は、何気なく使っているマイナスのイメージを持つ言葉に気を付けようというものでした。

「申し訳ございません」「しばらくお待ちいただけますか」が、それにあたります。何にでも、「申し訳ございません」と謝罪の言葉を言えば良いわけではありません。

「しばらく」という言葉を添えたとしてもお待ちいただくことは変わりません。このようなマイナスのイメージをお客さまに残す言葉を「プラスの言葉＝すぐに」で伝えよう、と研修したのです。コーヒーがちょうど切れてしまったという事実は変えられないとしても、それを伝える言葉でお客さまの気分を幸せな気持ちにすることができるのです。

その研修のその一つの成果として、お客さまがわざわざ「その言葉に感動した。いただくコーヒーが楽しみになった」というお手紙を本社に送ってくれたのです。

「しばらく」「少々」お待ちください、というフレーズは、いろんな機会によく耳にします。電話でも同様です。

この言葉を言って、電話を保留にして、なかなか戻って来てくれません。保留にした人は、調べることや確認といった作業があります。急いで戻らなくてはという意識は持っているのでしょうが、待たされている側には、同じ時間でも長く感じるものです。

この時間の差を、どうやって埋めるかが大切なおもてなしでもあるのです。

「今、保留にさせていただいても大丈夫ですか？」「お調べして、折り返し連絡をさせていただきます」

忙しい中に、ちょっと聞いてみるだけと思った電話が長くかかるという体験を、皆さんもしたことはないでしょうか？　トイレに行きたい。買い物に出たい。乗る予定の電車が来てしまった…。

お客さまに「選択肢」を伝えることは、とても大切なことです。お客さまが折り返しの電話を選択されたら、何時頃が都合が良い時間かを確認することも大切なことです。もう一度、自分の名前を伝えて、不安感を取り除くことも忘れないようにしましょう。

そして、電話をかけた時には、「今、大丈夫ですか？」と再度確認をすることも、「お客さまの大切な時間」という財産を使わせてもらうことに感謝の想いも忘れてはなりません。


プラスの言葉を使うことって、本当に大切ですね。お客さまにとっても、自分自身にとっても。使う言葉が人を創るってよく聞きます。いつもお客さまの状況に気を配りながら、言葉を選ぶことが所作以上におもてなしにつながるんですね。

ビジネスの電話って難しいです。私たちの世代では、携帯電話が主流で固定電話は使う機会がほとんどなかったので特にそう感じます。まずはおもてなしを知って、それから使い方の研修ですね。順番を間違えると、機械的なマニュアル対応になってしまうんですよね。そんな企業が多いと思います。

38

おもてなしを現場で実践しその価値を知る

～小さな成功体験を大きな成長へと導く考動～

「西川さん、クレドを創りたいんですが手伝って下さい」

新潟グランドホテルの社長中山真氏から電話がありました。クレドは常に携帯して、迷った時、悩んだ時に見返して、進むべき道を思い起こすためのものです。目指す方向性や行動の指針となります。

リッツカールトンホテルのクレドが紹介されてから、多くの企業でも導入されました。クライアント企業であるホテルからのその依頼をうれしく思い、それから1年かけてプロジェクトチームの皆さんと会議を重ねて作っていきました。

スタッフ全員からアンケートを取ったり、各現場でのヒアリングや説明会を繰り返し、この文章で伝わるのか、この漢字で良いのか、と細かいところまで膨大な時間を費やして創り上げました。

そして、いよいよ完成した時に私がお伝えしたのは、

「おめでとうございます！　本当にいいクレドができましたね。この部分を覚えています。何度も書き直しましたね。ここは、あなたの意見でこうなりました。本当に皆さんの想いの詰まったクレドです。でも、完成がゴールじゃありません。ここからが本当のスタートです。今、スタートラインに立ったに過ぎません。魂を込めて行きましょう。今日の行動を変えて、本当の意味での私たちのクレドにして行きましょう」という激励の言葉でした。

今も日々、お客さまへの、パートナー企業への、そして働く仲間たちへの一つひとつの行動に、クレドに込めた想いを持って顔晴ってくれています。

そんな中、一人のスタッフが後日開催した弊社主催の「おもてなしセミナー東京」に参加し、

その後に手紙をくれました。その人は、ホテルのクロークで、その日、パーティーのお客さまを迎える仕事をしていました。手紙にはその日のエピソードが書かれていました。

――セミナーに参加してからの1ヶ月で私自身、何かが変わったと実感しています。お客さまに対する心得として、「答える」から、『応える』へ。そして、「マイナスの言葉を使わない」ことから取り組みました。すると、早速功を奏した出来事があったので報告させていただきます。

お客さまのお荷物をお預かりする時に渡すクロークタグの数字で「4」と「9」は、縁起が悪いと敬遠されるお客さまがいらっしゃいます。先日あるお客さまに「44」のタグをお渡ししたところ、ご不満そうな表情に、通常は別の番号にお取替えするのですが、咄嗟に「お客さま、「4」と「4」で「4合わせ」幸せのラッキーナンバーですね」と申し上げたら、「上手いね」と笑って受け取って下さいました。

お帰りの際には、何と握手まで求められてしまうほどの大成功でした。全てのお客さまに通用するかは分かりませんが、今回は少しの勇気とポジティブなフレーズにより、お客さまに喜んでいただけたことが嬉しく、ささやかではありますが自信につながりました。

自己満足からお客様満足へ。これからもお客様おひとりおひとりを想ってなし、いずれお客様を○○さんとお呼びできるまでの関係性を築けるように頑晴ります。また西川先生にお逢いできる日を楽しみにクレド活動に努めます。――

素敵なプラスの言葉に本当に感動しました。

この方は、クレド作成時のプロジェクトメンバーではありません。プロジェクトの座長やチームメンバーの人たちが、クレドの浸透に力を注いできた成果の一つだと、本当にうれしく思いました。

はじめから縁起の悪い数字は外しておくといった準備も、もちろん大切なことです。しかし、形を変えてあなたの前に突然出てくるトラブルに対して、どう対応できるか、その力をつけておくことはさらに重要なことです。

クレドは、道しるべですね。迷った時には、常に見返すこと。そこに必ず答えがある。でも、挑戦する行動がなければ、迷うこともないですよね。ミスをしない様にとだけ考えていたら、きっとクレドは必要ありません。教えられたことだけをやっていればいい訳ですから。

クレドは挑戦と進化を助けるものであって、今を守るためのものではないのですね。でも素敵なホテルだと思います！　これからどう変わって行くのか、楽しみです。

39

一言のおもてなしで、その仕事は輝く

〜お客さまを見てプラスアルファの一言を添えて〜

キャリーバックを引きながらの出張の途中、東京にある観光案内所を訪ねてみました。不慣れな場所からの移動で、地下鉄の駅が分からなかったからです。仕事柄、地方を含めて、駅や観光地にある観光案内所を訪ねる機会は多くあります。

一般的に目にする案内所は、来店するお客さまをあまり意識していないのか、入店するお客さまへの反応が遅いところが多いのです。

「なぜ、この人はここに来たの？」というような顔をされ、思わず「ちょっとお尋ねしてもいいですか？」と、こちらが恐縮してしまうような雰囲気のところも少なくありません。

しかし、最近は対応力の強化がどんどん進められています。その案内所にもそんな姿がありました。席に座ってパソコンを前に仕事をするのではなく、来店するお客さまに自ら積極的に話しかけていました。

私の質問への回答もすぐにもらうことができました。しかもその応え方が素晴らしかったのです。駅への行き方は、その観光案内所を出てすぐ左の階段を降りるのですが、

「ここから出てすぐ左を降りていただくのですが、柱で見えにくいんですが、柱の向こうにエスカレーターがあるので、ぜひご利用ください」と、私の荷物に目をやりながら応えてくれました。

そして、

「その先の通路を○○が見えるまでまっすぐ進んで下さい。5分くらいかかると思いますが、ちょっとがんばってくださいね」さらに、

「そうすると左に昇るエスカレーターがあります。そこを上がったらすぐ目の前が改札です」

こんな素晴らしい道案内を受けることはめったにありません。重いキャリーバックを持っていても、階段を使わなければならないところはたくさんあります。道を聞いて来た人に、わざわざエスカレーターを使う提案をしてくれる人は多くはいません。

また、「○○が見えるまで進んで下さい」というキーワードを聞いていなかったら、途中の道を曲がっていたかもしれません。5分という時間を聞いていなかったら、なおのこと途中で曲がってしまっていたでしょうし、約束の時間に間に合うか心配で急ぎ足で歩いていたことでしょう。10分歩くと言われていたら、その場でタクシーという判断をしたかもしれません。答える人にははっきりとその道筋が見えていても、言葉だけで伝えられる人にはイメージが共有できないものです。

場所と道順が分かっても、不安が消えないこともあります。それらすべてをクリアしてくれた素晴らしい案内でした。

付け加えるなら、「ちょっとがんばって」のプラスアルファの言葉にウキウキとした気持ちで改札に向かう私がいたのです。最幸のおもてなしの言葉でした。

情報とは、伝えることが大切なのではなく、伝え方が最も重要です。さらに、寒い日には、日差しのある暖かい道を、暑い日には、日陰のある道を、風の強い日には、風を避けられる道を、夜には明るい道を、でも近道の方が良ければ、この道を…。

お客さまに合わせた道を伝えることができるようにおもてなしを進化させていきましょう。

おもてなしではお客さまが増えたりしない、増やすことが私たちの仕事の目的でないと思って働いていたら悲しいですね。どんな仕事でも、目の前に立つ人を幸せな笑顔に出来たらそれはすばらしいことです。

それが働き甲斐だとも思います。冷めた気持ちで仕事をしていたら、人生もったいない！せっかくだったら、自分の仕事でどんなおもてなしが出来るかを考えながら、大切な時間を使いたいですね。

7章

お客さまを守るおもてなし

～感動は、お客さまを守るという想いが創り出す～

40

誰が本当のお客さまなのかを考えてのおもてなし

〜お客さまを守るために勇気を出して一言〜

メディアでも料理の評価が非常に高いオーナーシェフのホテルがあります。

ゆっくりと最幸の気分で食事を楽しんでもらいたいと、食事時間は、ランチでも2時間はかけています。当然ながら、その料理に惚れ込んだたくさんのリピーターが遠くから足を運んで来ます。

ある日のこと。食事の時間などすべての条件を旅行会社に承知してもらった上で、団体のバスツアーのランチを引き受けました。

ところが、予定時間になっても到着しません。やがて慌てた様子の添乗員から連絡がありました。出発が遅れて、時間がないので、1時間で食事をしたいというのです。

それは無理な話です。シェフにとっては、おいしく料理を食べていただくための最低条件が2時間です。しかし、添乗員も困っているだろうとできる限りの努力をしようと到着を待ちました。

そして、しばらくしてバスが到着。降りてきた添乗員は、シェフに向かっていきなり「急いで下さい」と大きな声を上げたのです。テーブルを見たら、食事のお皿がまだ出ていません。

当然のことです。温かい料理は、お客さまが席に着かれてから提供するべきものです。その添乗員は、食事会場に響き渡るような大きな声で、

「時間がないと言ったじゃないか！　次の予定に遅れたら、責任を取ってもらいますよ」

と厳しい声を何度も発しています。その様子に、お客さまも困惑し、無口になっていました。

その時です。シェフが添乗員に一言。

「この会場から、出て行きなさい。私のお客さまに迷惑です」

お客さまも分かっています。添乗員は仕事を頼んだ旅行会社の人で、シェフが添乗員にそんな

発言をしてしまったら、今後の仕事に影響が出るのではないかと。

しかし、シェフが守りたかったのは、仕事ではありません。お客さまの楽しい食事の時間だったのです。空腹を満たすだけのために来てくれたのではありません。お客さまにとって、今回のツアーの楽しみの一つが食事なのです。

「私のホテルに一歩、足を踏み入れた方は、もう私のお客さまです。大切なお客さまを守ることが私の仕事です」と、一番大切な想いを私に話して下さいました。

添乗員は「もう二度と利用しませんよ」と怒り心頭だったそうです。しかし、出発の時には、多くのお客さまが笑顔で「ありがとうございました。おいしかったです。また個人的にお邪魔しますね」と言って、バスに乗り込んで行かれたそうです。

旅行会社には、その後のすべての予約をキャンセルして欲しいと連絡をされたそうです。ところが、シェフの「料理とお客さまへの想い」を知った旅行会社は、あわてて再契約のお願いに来たそうです。

添乗員が言うように、到着前にテーブルに冷めた料理を並べていたら、ホテルの評価は下がっていたでしょう。しかし、シェフが本当に守りたかったものは、当日のお客さまの楽しい食事時間とそのホテルを選んでくれた旅行会社へのお客さまからの信頼だったのです。

すごく勇気のいる一言ですね。でも、お客さまはうれしかったんじゃないでしょうか。添乗員もお客さまのためと思っているんでしょうが、本来の目的を誤ってはいけませんね。スケジュール通りにツアーを実施することはとても大切なことです。ですがそれ以上に、お客さまの大切な時間を、嫌な思いをさせてしまうことにより壊してはいけませんよね。これは、結果的に旅行会社を守るためでもある勇気のある行動だと思います。

41

イメージして対応することでお客さまを守る

~姿が見えない状況でもお客さまと向き合えば、今できることがイメージできる~

宿泊中のホテルで、フロントに内線電話をかけ、館内のレストランの混み具合を確認しました。「お調べします」と保留にされましたが、なかなか電話に戻って来てくれません。30秒、1分、1分30秒…保留音を聞きながら、その理由を考えてみました。

彼の仕事能力が低いわけではないでしょう。目の前にお客さまが立たれて、対応せざるを得なくなってしまったのか。別の電話を取ってしまったのか…。

おそらく、レストランに電話をして確認をしてくれているのでしょうが、レストランスタッフが電話に出ないので、長くなっているのでしょう。２分近く経った頃に、携帯電話の着信音が鳴りました。保留中の内線電話をそのまま耳に当てながら、携帯に出ました。

内容が少し複雑で、急ぎの回答が必要だったので、少し待ってもらって、内線電話に戻りましたが、まだ保留音が続いています。仕方なく、内線電話を一旦切り、携帯にもらった連絡に集中することにしました。しばらくすると内線電話が鳴りました。でも、会話の中断ができないので、そのまま会話を続けました。１時間近く、その会話が続きましたが、その間に内線電話が続けて２回鳴りました。

電話が終わった後に、折り返しかかって来た内線電話が気になりましたが、かなり時間が経っていたので、レストランの混み具合も変わっているだろうと思い、その日の食事は、あきらめることにしました。

その夜、ベッドに入った時に思ったのです。フロントスタッフに申し訳ないことをしたと。しかし、彼は折り返しの連絡を２回してくれましたが、それ以降は何の対応もありません。

彼の勤務時間はもう終わったのでしょうか？　それとも、２回も折り返したのに、電話に出ないから、用事は終わったと思ったのでしょうか？　あるいは、もうレストランに行ったと思ったのでしょうか？　もしかすると、切れてしまった電話の向こうで、お客さまが倒れているかもしれないというイメージは浮かばなかったのか？

この対応を考えていたら、自分自身に起こるかもしれない危険に不安を覚えてしまったのです。電話に応答がなければ、その客室のドアをノックすることに躊躇があっては、お客さまを守れません。

こうした対応は、ルームサービスを利用する時にもあります。ふと気付いたら、22時過ぎ。その日は、昼食も取っていなかったので空腹を感じ、ルームサービスをお願いすることにしました。

「あいにく、ルームサービスは、22時で終了しております」

「まだ1、2分過ぎただけですよね。何とか、お願いできませんか？」

「申し訳ございません。厨房の火を落としてしまったもので…」

残念ですが、あきらめざるを得ません。翌朝は、朝食開始より早い時間の出発でした。フロントでチェックアウトを済ませて、ホテルを出た時です。別の入り口から入ったので、昨夜は気付きませんでしたが、ホテルの横に24時間営業のファミリーレストランがありました。

ルームサービスはできなくても、この店のことを教えてくれるだけで私は空腹のまま休まずに済んだのです。

「わざわざ電話をくれたのだから、きっとお腹が空いているのだろう。ファミレスでは満足してもらえないかもしれないけれど、情報を伝えるだけでも選択肢は提供できる」

そんな想いがあれば、お客さまは守れたのかもしれません。

保留中に電話が切れてしまうこと、確かにあります。また、かける電話は先方の時間の中に割り込むことだから、今話しても大丈夫かを必ず確認しなさいって、西川さんはよくおっしゃっていますね。保留も同じで、今保留にしても大丈夫かを聞くようにと。あと保留が長くなりそうだったら一旦、電話に戻れともおっしゃっていました。

もし保留中に電話が切れてしまって、折り返しにも出られなかったとしたら、忙しいのかと勝手に思い込まないことが大切なおもてなしにつながるんですね。

42

お客さまを守るために、何を選ぶかが企業価値を決める

～その「お客さまのために」は、本当にお客さまを守る行動だったのか～

新しいホテルができると、できる限り早く宿泊に行きます。どんなホテルができたのだろう？どんなおもてなしをするのだろうかと、とてもワクワクします。

そして、楽しみにしていたホテルがいよいよ完成すると聞き、すぐに予約を取りました。仕事の関係で、オープン当日の宿泊でした。まだスタッフたちも慣れていないだろうと思いつつの宿泊でした。

オープンセレモニーに来たたくさんの著名な人たちの中をフロントに向かいました。そして、部屋に入り早速写真撮影です。まだ、誰も使っていない部屋です。ひょっとするとオープン前に宿泊した関係者はいたかもしれませんが、広い部屋とバスルーム、数々のアメニティ…。どれも美しさと薫りを感じました。

ひと仕事して、夜遅くにシャワーを浴びた後、今度は窓の外に広がる夜景を撮ろうと部屋の窓辺に立った時です。足の指に何か刺さった痛みを感じて見てみると血が出ています。

何があったのかとしゃがんでよく見ると、絨毯の隅を止めるホッチキスの太い針のようなものの一部が上を向いて飛び出ていたのです。それを抜き、部屋にあったメモ用紙にその事を書いて、針を置きました。

翌日は早朝に出発しなければなりませんでしたが、そのメモをうっかりそのまま置き忘れて部屋を出てしまいました。チェックアウトの時に、「必ず部屋のデスクのメモを確認して下さいね」と急ぎ言い残して出発したのです。

ところが、その日のチェックインを迎える時刻になっても、ホテルから連絡がないため、確認してもらえたか心配になり、こちらから電話をしてみました。

すると「どのようなメモでしょうか?」という返事です。

「確認していないのですか？　すぐに調べて下さい！」と再度お願いしましたが、結局夜になっても折り返しの電話はありませんでした。

翌日の昼に再度、メモに残した内容を伝えると、はじめてことの重要性に気付いたようです。「おケガは大丈夫ですか？」その言葉を聞いて私は言いました。「大丈夫ですけど、どんな対応をされたのですか？」

その後に、支配人室の方からも連絡が入りましたが、

「大丈夫ですか？　病院には行かれましたか？　本当にご迷惑をおかけしました。宿泊券を送りますので、ぜひまたお越しください」と言われたのです。

これが多くのホテルでの当たり前の対応なのかもしれません。しかし、ちがいます！　私が気付いてほしくて、すぐにでも実行してもらいたかったことは、そんなことではありません。

たまたま私が利用した部屋だけだったのかもしれません。しかし、オープンしたばかりのホテルです。他の部屋にも同じ危険があってはいけないので、安全確認をしてほしかったのです。これから多くのお客さまが宿泊されます。「もしも」があっては大変です。しかし、支配人室の人の言葉にビックリしました。「部屋数も多いし、すでにチェックインされているお客さま、連泊

の方もいらっしゃるので確認は難しい」ということでした。

すでにくつろいでいるお客さまの時間を奪ってはなりません。しかし、もっと大きなケガにつながったら、信頼を失くしかねないことです。

何事もなければと願いつつも、もしまたケガをされるお客さまがあったら、きっと「あの時に確認しておけば」と後悔されるでしょう。お客さまを守れるのは、その事実を知ったあなたしかいないのです。

できない理由はたくさん思い付くものですね。そして、それこそが正しい判断だと思ってしまうこともあるかもしれません。しかし、全ての向かうべき姿は、お客さまを守れるか！　にあるんですよね。それが出来なければ、どんなサービスも評価されないから。

そのホテルは、西川さんのケガが大きなクレームにならないことだけを考えてしまったんでしょうか…。他の部屋は大丈夫なのか、ということに考えが至らなかったのは、ちょっと残念ですね。その後、全室の安全が確認できたって連絡はありました？　えっ!?　ないんだ…。

43

企業間を超えたバトンリレーが信頼を生む

〜自分たちで解決できなければ、できるところにバトンを渡すおもてなし〜

「この先のドラッグストアは、22時まで開いているのでまだ間に合うと思います」

携帯画面を見せながら教えてくれたのは、たまたま立ち寄ったコンビニのスタッフでした。クライアント企業の人によると、町でも評判のスタッフということ。

ある日、私は出張先のホテルで、朝から腰に違和感を覚えていました。前日の東京は冷たい雨が降り、チェックインした部屋はひんやりと寒く、室内の空調温度を上げてもなかなか暖かくなりません。29度まで上げてみても同じでした。

表示をよく見るとなんと「冷房」でした。設定を切り替えようとしてもだめで、フロントに連絡すると「まだ、暖房設定にできません」と言われ、仕方なくそのまま寝ることにしました。

そうしたら、身体が冷えたせいでしょう、腰が痛くなってしまいました。朝の新幹線で移動して弊社スタッフと合流し、迎えに来てくれたクライアント企業の車に乗り込んでからも、痛みはひどくなる一方でした。

その日の業務を終えて、夜遅くにホテルまで送ってもらい、早めに寝ました。すると、その1時間ほど後にドアがノックされ、スタッフが「これを使ってみてください」と湿布薬を買って来てくれたのです。

私が部屋に入った後、彼はその湿布薬を買うためにクライアント企業の人に車でコンビニまで送ってもらったそうです。その時、コンビニスタッフの素晴らしいおもてなし行動に出逢ったというのです。

でも、そのコンビニには湿布薬はありませんでした。困っていると、

「ちょっとお待ちください」「これで代用できないでしょうか」

と、保冷剤をいくつか持って来てくれたそうです。

「どうかな？」とスタッフがそれを手に考えていると、

「もう少しいい物がないか探して来ますね」、と店の奥に入って行き、しばらくして携帯電話を手に出てきて、かけてくれたのが冒頭の言葉でした。


「西川さん、すごくないですか、この接客！」と、翌朝ニコニコとその話をしてくれるスタッフを見て、本当に感動しました。腰を痛めた私を気遣ってくれたスタッフとクライアント企業のおもてなし行動がうれしかったことに加えて、コンビニスタッフを称賛する彼の姿を本当にうれしく感じたのです。


もちろん、コンビニスタッフの行動は素晴らしいと思います。お客さまの要望を叶えたいから、「できない」とは言わない。よくそんな言葉を聞きます。しかし、現実に、お客さまに提案される内容は、あくまで自社のビジネスの中でのことが多いものです。

ところが、今回のように競合ともいえるお店を、お客さまのためにわざわざ手間をかけて調べて教えてくれる姿に、スタッフは驚き、私も感動しました。

湿布薬があれば少しは楽になるかもしれないという想い。お客さまに最良のものを手にしてもらいたいという想い。こうした目の前のお客さまを守る「想い」のバトンリレーこそが、感動を生むおもてなしなのです。

無いとは言わないとしても、自分の店で代用できるものを、私も提案してしまいますね。しかし、別のお店であれば、お客さまが望まれるものが間違いなくある。そう分かっていたら…。
すごく勇気がいることですね。それでも結果的にお客さまが喜ばれて、信頼も高まるなら、想いのバトンリレー。それが本当のおもてなしだと思います。お客さまを守る！　これは大切な想いだぞ…メモ、メモ…。

44

お客さまが本当に喜ぶ行動とは

～クレームを無くすつもりが、感動を無くしている～

「そんなことがあったのか!!」

ドライバーのおもてなし力を高めるための研修をしている貸切バス会社で、幹部社員から驚きの声が上りました。

そのバス会社は、旅行会社からの依頼を受けて、添乗員付きバスツアーを空港や駅で迎え、観光に案内する仕事が中心です。旅行会社からの評価が下がれば、今後の仕事の受注に響くので、現場で出逢う添乗員には非常に気を使う毎日だと聞いていました。

そんな会社の、「おもてなし事例の発表会」で、その瞬間は困ったが、何とかその場で問題解決できたという「自己解決案件」を話してもらいました。

たまたまその時は大きな問題にならずに済んだことや、その人だったから解決できた問題でも、別の時や別の人が同じ問題に直面するかもしれません。その時に、同じように解決できるとは限らないのです。

私は、こうした日々現場で起きている小さな、表面化していない問題点をスタッフ間で共有することで、強い行動力が養われると話しています。

「たいしたことではないんですが…」と始まる事例の中には、他の人が驚くような考動があったりするのです。

その日の驚きの事例とは…。

雨の多いシーズンに、お客さまに使ってもらうための傘をバスのトランクに積んでいました。

午後から降り出した雨。

自分の傘を持っているお客さまも多かった中で、傘をお持ちでない数人のお客さまを見付けたドライバーが、添乗員に聞きました。

「バスに傘を積んでいるので、貸してあげてもいいですか？」

その回答は驚くようなものでした。

「40名全員に貸せないなら、不公平になるので、傘は出さないでください」というものでした。

確かに人数分はありませんが、目の前で、濡れながら観光しているお客さまを見ていて、本当に悔しかったという事例の発表でした。

その時は、濡れてバスに戻るお客さま方におしぼりを配って、喜んではもらったとのことでした。このドライバーのお客さまへの想いが分かります。しかし、仕事の依頼者である添乗員の指示には従わなければならないのです。その発表の後にドライバーの想いに経営幹部が応えてくれました。

「分かった。そんな悔しい想いを二度と君たちにさせない。各バスに40本の傘を用意しよう！」

事故やトラブルに直結するバスの故障などはすぐに本部に伝えられます。添乗員からの要望も現場で聞けば報告されます。

ところが、傘の問題の様に苦情ではないケースは、ほとんど会社に報告されないのです。でも、この事例のように、現場で「解決」と考えられている案件の中に、企業のおもてなし力を高めるヒントが潜んでいるものです。

お客さまを守るためにも、悔しい想いを飲み込んでしまってはいけません。エンドユーザーに喜んでもらうことが、仕事の依頼者の満足につながります。その場、その時の対応だけでなく、根本を修正すれば、想いは実現できるのです。

ドライバーさんの悔しさがすごく分かります。同時に、添乗員のお客さまから出るかもしれないクレームが怖かったというのも分かるような気がしますね。

それでも、やっぱりクレームを恐れて、傘が無かったことにするのは少し悲しいです。クレームゼロという企業目標なんかが、現場で喜んでもらえるおもてなし行動を、失わせているのかもしれません。

45

お客さまを真に想う「奇跡の言葉」

~おもてなしとは、
目の前のお客さまを守る想いから生まれる~

「傘のお忘れはないですか?」それは衝撃的な言葉でした。

その言葉をかけてくれたのはタクシードライバーです。降車時に声をかけられることはよくあることです。しかし、そのタイミングは、乗車した時の第一声だったのです。

その日は、朝から雨が降っていました。ホテルからタクシーで百貨店に行きましたが、どちらも屋根があったので傘を使うことはありませんでした。２時間後、打ち合せを終えて百貨店を出る時には雨は上がっていました。

その百貨店から次の目的地に向かうために乗ったタクシーのドライバーから、その奇跡の一言がかけられたのです。車内に忘れ物をしたら、お客さまも困りますが、ドライバーにとっても余計な仕事が増えてしまいます。つまり、降車時の「お忘れ物はないですか？」の言葉は、ドライバー自身のための言葉でもあるのです。

では、乗車時の「傘のお忘れはないですか？」の意味は何でしょう。それは、１００％お客さまへ想いのベクトルが向かっていた証だと思います。雨が上がった後に忘れられることが多い傘です。タクシー車内のことでなければ、ドライバーには関係ありません。でも、もし百貨店に傘を忘れてきていたら、きっと後でお困りになるだろう。そんな想いが詰まった「奇跡の言葉」だったのです。

ある日のこと。業務の都合で昼食を取ることができませんでした。夕方から発熱し、食事を取る気力も無いままドラッグストアで薬を買ってホテルに入りました。

その時に、コンビニに寄らずに部屋に入ったことを後悔しました。空腹のまま薬を飲むことは避けたい。そこで簡単な食事をルームサービスで頼むことにしました。

数十分後、ドアがノックされて夕食が届きました。部屋の中まで持って入ってもらいましたが、食事を置くテーブルに薬の箱を置いていました。

すると、「横によけさせていただきますね」と、薬の箱をずらして食事を置いてくれました。

そして、素敵なペンを手渡されて伝票にサインをしました。

「食事が終わったら、取りに参りますのでご連絡下さい」

と、丁寧なお辞儀をして出て行きました。

ルームサービスのスタッフは、自分に与えられた役割をスマートに礼儀正しくこなしました。問題なく教育された身のこなしと言葉使いでした。しかし、明らかに目にしたであろう薬の箱を見ても言葉はなかったのです。

翌日のチェックアウトの時にも「お加減はいかがですか?」といった声をかける情報の共有化もされていませんでした。

タクシードライバーとルームサービススタッフ。二人の違いは、根っこにあるお客さまへの想いです。

また別の機会では、タクシーを降りて数歩あるきました。ところが、いつも聞こえる音がしません。バタンと閉まるドアの音です。振り返ってみると、運手席にドライバーがいません。

不思議に思い目を後部座席に移すと、ドアを開けたままで、道にしゃがみこんでいるドライバーがいます。

「何か落としていましたか?」と尋ねると、

「いいえ、お客さまに見えにくい座席の下などに落し物があったりするので、確認していました。大丈夫です」とニッコリ。

お客さまを守るその行動に、改めてタクシー会社の名前を確認する私がいました。

普段当たり前のようにかけている言葉も、その本質をもう一度考えてみるべきですね。「またお越しください」という言葉はいつも使っていますが、本気でそう思っているのかどうか……とか。

本気ならきっと、その言葉にプラスの行動が伴うようになると思います。習慣的に言っているだけなら、意味がないですよね。声はかけてくれているけど、視線は次のお客さまに行ってしまっていることもありますよね。

8章

あなたが主役のおもてなし

～それぞれの立場で今日を変える～

46

おもてなしは、ここにエースを充てろ！

〜創客に最も重要なポジションが電話オペレーター〜

おそらくその人との出逢いがなければ、これほどまでにそのレストランを好きになっていたかどうか…。とても素敵な声の人でした。

いつ電話しても「あ〜西川さん！」と笑顔の声を届けてくれる人でした。サービス担当のスタッフの人たちも素晴らしいのですが、そのサービスには、実はこの電話オペレーターの存在失くしては生まれないものが多くあったのです。

「西川さん、今回はどの様な方々なんですか？　どんなお集まりですか？」と。

マニュアル的ではない自然な会話の中で聞いてくれます。そして、聞いたことを活かして、来店当日には、たくさんの感動を提供してくれるのです。

だから、私は「予約電話を受ける人には、エースを充てろ！」と言うようになりました。お店に行くようになって、1年以上経ってからのこと。

この時間も電話の受付をしていらっしゃるだろうと思いながらも、どうしてもその人に逢ってみたいと思い、サービススタッフにお願いしてみました。

「もちろんです！」という言葉の後に、柱の陰からニッコリと笑って出て来てくれたのです。初めて見る顔は、予想していた通りの素敵なお顔でした。実は、インカムで私たちの会話を聞いていたのです。それもその人の仕事だったのです。

会話の中で、次の来店時のサービスのヒントになる事をデータベースに打ち込んでいたのです。これが私の大好きなレストラン「カシータ」が評価され続ける一つの秘密です。

それから数年が経ったある日のこと。いつもの様に電話をしたら、その人から退職することになったと聞いたのです。正直、とってもショックでした。もうあの会話ができなくなるのかと…。

その人の最後の勤務日に、お礼を言うために思い切って訪ねて行きました。驚いたことに、私だけではありません。本当にたくさんの人が、その人との別れを惜しみ、訪ねて来たそうです。

ＪＲ九州の「ななつ星」の電話オペレーター研修で伝えたことは、「皆さんがお客さまから得る個客情報が、現場でのクルーのおもてなし力を高める」ということと、「電話でリピーターを創ってください」ということでした。

そのためには、「とにかくお客さまと話そう！」とお願いしました。結果何とその実行は、私の想像を超えるものとなりました。

当選をして、「ななつ星」に乗ることになったお客さま方への電話回数は、約３ヶ月間に平均20回を超えるというのです。本当に驚きました。

弊社セミナーで電話オペレーター部署の人を講師にお招きしてお話をいただいた時に、「ななつ星の成功は、この電話オペレーターの存在失くしては語れない」とまで評価されていました。

そして、その証となるような話をしてくれました。

いよいよ今日、楽しみにしていた「ななつ星」に乗車するという日に、全国から集まって来られたお客さま方が、博多駅にある専用ラウンジ「金星」に集まってこられます。出発前のイベントです。ラウンジの前で、担当クルーが、お客さまを素敵な笑顔で迎えます。お客さま方も皆さんが最幸の笑顔です。


そして、クルーとのあいさつが終わった後に、こうおっしゃるお客さまが少なくありません。

「○○さんは、今日はこちらにいらしてますか？」
○○さんとは、そう電話オペレーターです。
「もちろんです。あちらにいますよ」と案内すると、お客さまが電話オペレーターの方に行って、手を握り、涙を流しながら、

「やっと逢えましたね。あなたに本当に逢いたかった！　もう私、これで十分」

まだ「ななつ星」を見てもいないのに…。


電話オペレーターは、お客さまと逢う機会がほとんどない仕事です。誰が電話を取っても、必要なことは対応できる仕事かもしれません。でも、そう思っていたら、こんなお客さまを創ることはできなかったでしょう。

「どうせ私の仕事は」と、自分の仕事の評価を下げないで、誇りを持って挑めば、その価値を高めることができるのです。そして、こんな奇跡の出逢いも創り出せるのです。

現場のおもてなし力は、予約を受付ける電話オペレーターによって、その価値が変わる！　わかるなぁ〜。最近はネット利用が増えていますが、通販業界でも電話受付けはとても大切ですよね。

どの会社も本当に丁寧な対応をしてくれますが、何となく機械と話しているみたいと感じてしまうこと、実は少なくないんです。人が関わるなら、機械に出来ない仕事をしないといけませんね。電話受付を強化すれば、お客さまへのおもてなし行動を劇的に変化させられるんじゃないですか？

このポジションはすごく大切。それなのに、電話してくるな！　みたいに、ホームページに電話番号が見当たらない企業も増えて来ましたね。

47

スポットライトの当たらない仕事の中にも輝くおもてなし

～その光景は心の記憶に深く刻まれる～

飛行機が移動を始めると、整備スタッフが出発便に向かって手を振るシーンは有名で、よく話題に取り上げられます。早朝の始発便から、夜遅い最終便まで、安全ヘルメットをかぶり、厚手のコートを着たその人たちの「本日はご搭乗いただきありがとうございます。しっかりと整備はしました。どうぞ気を付けて、快適なフライトを」といった想いをそこに感じます。最後のお辞儀のシーンは、何度見てもジーンと来るものです。

冷たい風が吹く冬の日の最終便に搭乗した時のこと。その光景に、思わずお辞儀をして、手を振る私がいました。

高松空港から羽田空港に移動する機内でのことです。その日の座席はたまたまA席、つまり窓側でした。全てのお客さまが搭乗し、いよいよ飛行機からブリッジ（搭乗通路）が、離れるその時、何気なく、窓の外に目をやりました。

ブリッジの操作台には、厚手の防寒具を着たスタッフが立っていました。もちろんそこには扉はありません。冷たい風にコートが激しく揺れています。各地の空港で、何度も見てきた光景です。ところが、高松空港は違いました。

ブリッジの先端に、スタッフがもう一人、コートも着ないで立っていたのです。搭乗ゲートでお客さまを案内していたグランドスタッフです。おそらく、扉のないブリッジの端には、暗くて冷たい風が吹いているでしょう。それでもそこに残り、滑走路に向かう便を見送っているのです。多くの空港で見るのは、最後のお客さまを機内に案内をしたら、搭乗者データをＣＡに渡して「いってらっしゃい」「行ってきます」といったやり取りをして、ターミナルに戻って行く姿でした。しかし、高松空港のスタッフは、その場に残るのです。

私の前に座っていた人が隣の人にかける声が聞こえました。

「見て！　あの人、寒いだろうに見送ってくれているよ。なんだかうれしいね。」

まったく同感でした。そして、二人で、いや私を含めて三人で彼女に手を振りました。それに気付いた彼女もまた小さくお辞儀して、手を振り返してくれました。

あまり目にすることのない光景です。しかし、彼女の仕事が、目にした人の心に忘れられない感動を残したのは事実です。ＣＡのおもてなしの話は、多くの本でも紹介されています。お客さまと素晴らしい物語を創る仕事は素敵です。

しかし、スポットライトを集めることが少ない現場にも、それ以上とも言えるお客さまを想う心があり、その行動をうれしく思うお客さまがいるのです。

誰も見てくれないとか、評価してくれないという報われない仕事なのではなく、その仕事の中に光を灯すことが大切なのです。

飛行機に乗る時はいつも通路席を取るのですが、高松空港からの出発便は、グランドスタッフの輝く姿を見たくて、窓側の席を取るようになりました。

華やかなポジションに憧れてしまいがちですが、今そこで輝けない人は、きっとどこに行っても同じではないでしょうか。その環境の中で、輝いてみせるといった強い意志がなければ…。気付いてもらうことが目的ではないですが、その行動をきっと見てくれている人はいるはずです。今、そこで出来る「おもてなし行動」を考えることが大切ですね。

48

これで良いと思った時にもう一歩前へ

～一枚の書類にもできることはまだある～

スタッフ研修の依頼をいただき、日々多くの企業に伺っています。

５００名の皆さんへの研修は、話を聞いてもらうことが中心となります。研修の目的によっては、話の後にグループに分かれてディスカッションをして、班ごとに発表してもらう時間を持つこともあります。

20名までの研修の場合は、双方向的な研修スタイルを取ることが多いです。

その日の参加者は、15名ほどでした。机をロの字にしての研修です。はじめに簡単な自己紹介をしてもらってからスタート。

その時に参加者の名前をノートに控えます。指名して意見を聞いたり、質問の手が上がった時に名前を呼ぶためです。

1ヶ月後の研修日のこと。参加者は前回と同じでしたが、座る位置が変わっています。もう一度改めて自己紹介をしてもらうわけにはいきません。研修中に話を聞いてみたいと思った人がいても、名前が分からず指名することができません。

その時です。後方の席に座る今回の研修のサポートスタッフが、困っていた私に一枚のメモを持って来てくれました。参加者の名前が書かれた座席表でした。

ちょっとしたことですが、こんな対応をしてくれる企業は、残念ながら多くありません。

さて、その座席表です。これほどよく考えられた座席表は、過去の経験の中でも最幸のものでした。

よくあるのは、書いてくれた人の位置から見た座席表です。私が見る位置からの座席表ではないので、左右が逆になっていたりします。メモを１８０度回転させると、せっかく書いてくれた文字が逆さまになって読みずらくなります。それを分かって、私の位置から見た座席表を作ってくれたのです。

さらに、そこに書かれた名前は、全てカタカナでした。この配慮もまたうれしいものです。同じ社内の人にすれば、呼び慣れた名前でも、社外の私には、漢字名をどう読めば良いのか分からないからです。

例えば、「山崎」さんは、ヤマサキさんなのか、ヤマザキさんなのか…。ご本人にとってはいつものことなので、呼び間違えられてもあまり気にしないかもしれませんが、私は、大切な名前を間違えることなく呼びたいといつも考えています。

ただ座席表を作れば良いのではなく、それを使う人にとって使いやすいものをと考えて行動することがおもてなしでもあるのです。

与えられた仕事の中にも、おもてなし行動を実行するチャンスはあります。そこに想いを込めて行くことで、その行動をより素晴らしいおもてなしへと進化させて行くことができるのです。

自分の仕事を、自分自身でつまらない仕事にしていては、あまりにももったいないと思います。自分の価値を上げる行動を取り、今の仕事でまずは一番を目指してみましょう。

そこまでやるかぁ…。でもそんな細かいことに想いを込めることが、おもてなしですよね。座席表を書いたら、やった感でホッとしていたところがありました。確かに、それを使う人のことを考えたら、まだ工夫するところはありそうです。

座席表そのものの話ではなく、日々の仕事の中でも作業的にこなしてしまっていることは多いように思います。今の仕事でも、おもてなし力を高める気付きはいたるところにありますね。

49

機械化が進む中での尊いおもてなし考動

～「人」がするからこそ価値を最大化する～

10年程前に出逢った感動風景があります。

それまでにも、大阪や東京で出張用にJRの切符を買う機会は多くありました。何の疑問も持つことなく、出張の切符を買っていました。ところが。その当たり前の風景が、10年程前のJR博多駅で大きく変わりました。

混み合う「みどりの窓口」で、いつもの様に切符を買うために列に並びました。ふと気付くと大阪や東京で見ている風景と何か違うのです。違和感を覚えました。そして、観察していて、驚きました。なんと、接客が終わった後、次のお客さまを呼ぶ時に「みどりの窓口」のスタッフが立ってお客さまを迎えていたのです。

それまで、ただの一度も出逢ったことがないシーンでした。お客さまの切符を端末機で発券します。低い位置にある機械を操作するためには、座らなければなりません。だから、ずっと座りっ放しというのがそれまでの「当たり前」だったのです。

ところが、ＪＲ博多駅では切符を発券すると立ち上がり、お客さまに説明をしてから見送ります。その動作の続きで、次のお客さまを立ったまま迎えます。ごく自然な流れで行われる仕事に感動すら覚えました。

それ以来、おもてなし行動の一例として講演、研修などで話し、ＪＲ各社の研修でもその事例を伝え続けています。

毎日多くのお客さまがいらっしゃいます。そこには切符を買うというほんの短い接点しかありません。しかも、そこには特別なおもてなしが求められる場所ではないのかもしれません。正確に、早く切符を発券すれば、彼らの仕事は十分とも言えます。しかし、それは、おそらく機械の方が得意な仕事です。各駅にも自動発券機が増え、近い将来、窓口業務はなくなるのかもしれません。

複雑な経路の切符数枚をお願いした時には、「楽しいです。ご出張ですか？　いろんなところに行けて、正直うらやましいですね」と言ってくれたスタッフがいました。出張の連続で疲れていた私には、その言葉がどれほどうれしかったことか…。

それから数年経ち、東京の浜松町駅や広島駅でも見かけるようになりました。でも、残念ながら、私の出張エリアでは、それ以外の駅で見かけることはありません。

ところが…ある日のこと。新大阪駅の「みどりの窓口」で、そこにいた7名ぐらいのスタッフの全員が立ってお客さまを迎えていたのです。美しい姿でした。これはすごいと喜んで順番を待っていたのです。

そして、その時に次のおもてなし目標が見えて来ました。

順番を待ちながら、立ってお客さまを迎えるスタッフを見て、私が何を考えていたのか？　それは、ごくごく自然に「あの人に当たったらいいのになぁ～」と思いながら、ひとりのスタッフを注目していたのです。

他の人との違いは、立って迎える時だけでなく、お客さまと話す時を含めて見せてくれる「笑顔」でした。当たり前のことです。でも、輝くような素晴らしい笑顔が創り出す違いに、あらためて「笑顔の力」を感じたのです。

立ってお客さまを迎えたら良いのではありません。誰から買っても切符は同じ。当然、価格も同じ。でも、「さぁ！　これから出張に行こう」という時に、切符と一緒に「元気」をもらえたら最幸です。

「あの人だったらいいのになぁ～」と、知らず知らずのうちに持った想いこそが、「おもてなし」を受ける人が抱く自然の感情なのではないでしょうか。お客さまと向き合う時だけでなく、作業をしている姿も常にお客さまから見られていることを忘れてはなりません。

「お客さまと目が合ったら笑顔！」なんて風にやらされてる感があると、せっかくの行動にも価値が生まれないですよね。やるからには、想いを込めて。私なら、そこで一番を目指してみたいです。

もしかすると、社内的には報われない行動かもしれませんが、それでも限りある自分の大切な時間を使ってする仕事ですから、そこに自分を誇れる価値を創りたいです。

50

トップの意思で現場の向かうべき方向性が決まる

～準備するなら、もう一歩利用者に寄り添って考えてみよう～

「何かお気付きのことがありましたら」と聞かれました。

そこで普段から思っていたことを伝えることにしました。移動が多い仕事なので、腰を痛めています。ホテルの部屋にある靴ベラは、高価なものかもしれませんが、長さが短いのです。使う時は、腰を屈めなくてはなりません。腰を伸ばす時には、痛いっ！　とつい腰に手をやってしまうのが、ホテルでの日常でした。

「そうなんですね。ありがとうございます」

と言われて、1ヶ月後に、またそのホテルに泊まりました。しかし、靴べラは変わっていませんでした。そこで、アンケート用紙にも書きましたが、1年間変わることはありませんでした。


もうそんなこともすっかり忘れた頃に、フェイスブックでつながっている人が、支配人として着任されました。とても素敵な人です。チェックインの時に、

「そろそろお着きになる頃かなぁと思ったもので」と、兼務されている別のホテルから駆けつけてくれました。


翌朝に気が付きました。靴べラの長さが変わっていたのです。組織のトップが変わると、おもてなし力も変わるものですね。しかも急速に。

「靴べラの長さは、そのホテルのおもてなし力を表すもの」とよく話しています。

「良かった。私のところは長いやつです！」と笑顔で声をかけてくれる人もいます。


ホテルのクライアント企業に伺った時。スタッフに客室まで案内してもらいました。すると、私の部屋から別のスタッフが慌てて出て来たのです。

うです。

「どうしました？」と聞くと、「部屋の最終確認をしておりました」とのこと。

実は、後から聞いた話ですが、その時に部屋の靴べラを長いものに入れ替えていたのです。まだ1本しか購入していなかったので、急な宿泊となった私の部屋にあわてて置きに行っていたそうです。

次に逢った時に、「靴べラは何本になりましたか？」と聞くと小さな声で「3本になりました」との返事。それを聞いていたホテルの社長が「えっ！　まだ3本なの？　すぐに全部変えろ！」と。

やっぱりトップの想いは大切です。

靴べラを長くしたらおもてなしが行き届いていると評価されるかというと、決してそうではありません。些細なことです。短い靴べラでも、苦情を言うお客さまもいないでしょう。短くても、無いよりかはましです。その「当たり前」に多くのお客さまが慣らされているのです。

しかし、一度その便利な長い靴べラに出逢ったお客さまは、その瞬間に「このホテルはいい！」と感じることでしょう。ホテルスタッフが靴べラの長さの意味をしっかりと理解すれば、そこから始まるおもてなし力アップの速度は確実に早まります。

「靴べらの長さ」とは、それを使う時のお客さまに寄り沿った想いそのものなのです。

ある日、家に帰ったら、娘たちからのプレゼントがありました。80㎝もあろう長細い箱でした。何だろうと開けてみると、長い靴ベラでした。自宅でも快適に使っています。だから、宿泊するホテルの靴ベラの長さが気になって仕方ありません…。

なかなか、上司が分かってくれないと悩むことも多くありますが、お客さまのためにはあきらめてはいけませんね。そして、もっと大切なことは、やって良かったと上司が思うようなお客さまからの評価をもらえるように、毎日の仕事の中で価値を最大限に高めるさらなるおもてなしが必要ですね。

「結果が伴わない行動は、ビジネスではなく、ボランティアである」って、西川さん、よくおっしゃっていますよね。

9章

出逢う前から始まるおもてなし

～準備が現場のおもてなし力をより高める～

51

おもてなしは出逢う前から始まっている

〜聞くからできる奇跡のおもてなし〜

年に2回、各地で開催している弊社主催の「おもてなしセミナー金沢」に、おもてなしで高い評価を得ている旅館の女将が、多くのスタッフと一緒に参加してくれました。

その時のセミナーで伝えたことは、「おもてなしとは、個に向かう想いと考動である」ということでした。

セミナー後に手紙をもらいました。毎日の業務の中でご本人が実行されたおもてなし行動の事例が書かれたそのお手紙に、思わず涙してしまったのです。

宿泊の予約をもらった時のお客さまとの会話の中に「結婚することになった娘さんとの最後の家族旅行」という言葉があったそうです。何かできないかと考えて、ご家族の写真を撮ることにしました。そして、チェックアウトされる時にその写真を渡されたのです。ここまでならよくある話です。しかし、その人は撮った写真を2枚用意して、一枚はご両親へ。もう一枚は娘さんへ。

「ご結婚後の新しい生活の中でも、楽しかったこのご旅行と、大切に産み育てて下さったご両親のことを忘れない様にお持ち下さい」そんな言葉を添えて渡されたのです。

その写真を受け取ったご家族は、

「こんな温かいおもてなしをしてもらったことはありません。これほど私たちのことを考えて下さってとても感動しました」とその場で声を上げて泣き崩れてしまわれたのです。

そこにどんなに教育が行き届いたサービスがあっても、こんな感動を創り出すことはできないでしょう。実現する方法はただ一つです。

均一的に優れたサービスを目指すのではなく、それぞれのお客さまの琴線に触れるおもてなしを実行するということです。決して簡単なことではありません。

なぜなら、私たちは十分にお客さまのことを理解して迎え入れていないからです。お客さまのことを知りたいという想いを強く持って下さい。そして、その想いを「聞く」という行動で変えて下さい。

「どんな旅行なのだろうか、何を楽しみに来て下さるのだろうか」などを知りましょう。旅館・ホテルという私たちの仕事は、部屋を提供し、ゆっくりと温泉に浸かってもらい、美味しい料理を食べてもらうことだけではないのです。

それは「もの」でしかありません。「もの」である以上、最後は価格の比較になってしまいます。何気ないお客さまの言葉を、しっかりとキャッチすることが「感じる力」であり、その言葉を活かすために取る考動が「おもてなし力」なのです。

一年後に楽しかった旅を思い出し、再び足を運んでもらえるような行動を取ることが「おもてなし経営」を実現する力となります。

さらに、その手紙にはこんなことが書かれていました。これまで多くのお客さまに、当館はおもてなしで高い評価をしていただいていました。またその期待を裏切ることのないようにと日々精進してきました。しかし、今回の出来事でこれから目指すべきものがはっきりと見えました。

今回は、たまたまお客さまが「娘が嫁ぐ」「最後の家族旅行」といったキーワードを話してくれました。

しかし、思い起こしてみるとこれまでに何十組、何百組という同じ様なお客さまを迎えたか分かりません。その都度、これまでに培ってきた最幸のおもてなしでお迎えし、お見送りして来ましたが…。時間を戻すことは叶いません。

そうであれば、これから迎えるお客さまには、事前にその旅への想いをしっかりと伺い、それぞれのお客さまへのおもてなしを考えることが大切なのだと思いました、と。

そうです。お客さまを「個」と捉え、それぞれのお客さまに合った「考動」を取ることこそが、感動を創造するおもてなしなのです。

確かにそうですね。予約を入れても必要事項だけ聞かれ、伝えて、はい完了というのが一般的で、あまり無駄な話はしません。しかし、無駄話かどうかは、その後に活かせるかどうかということですよね。

そこに「人」が対応する価値があるということ！　最近はネットでの予約が便利なので主流になりつつありますが、「人」が対応することで大きな違いを生み出すことから逃げてはならないと思いました。

52

商品が届く前にお客さまの心を掴む

～他社とは違う感動でブランド力を高める～

そのクレジットカードを初めて目にしたのは、社会人になってすぐの頃でした。

これからは、プラスチックマネーがどんどん普及すると言われていた時代だったと記憶しています。

グリーンカードと呼ばれていたのが、古代ローマ軍のセンチュリオンを率いる指揮官をカードデザインにしたグリーン色のアメリカン・エキスプレス・カード（アメックス）でした。そのカードホルダーになることが憧れでもありました。

しかし、当時の私は社会人1年目で、当然、カードを持てる年収に足りません。いつかアメックスのホルダーになりたいと夢を持ったものです。それから二十数年後、弊社、観光ビジネスコンサルタンツを起業する時に、記念の意味も含めて、アメックスに申込書を送りました。

その時には、同時に何社かにカードの申し込みをしました。数日後のことです。見知らぬ番号からの着信がありました。その電話に出た時の感動は、今も忘れることができません。

「西川様の携帯でお間違いありませんか？　この度は、アメリカン・エキスプレスのカード会員のお申込みをいただき誠にありがとうございます。間もなく、お手元にクレジットカードが届きます。楽しみにお待ちください。そして、これからアメックスカードを手に、より素敵な時間を過ごして下さいね。末永くご利用いただけたらうれしく思います。どうぞよろしくお願いします」

言葉は違っているかもしれませんが、そんなあいさつの電話がかかって来ました。その後、他の会社からも次々と郵便でカードが送られて来ました。しかし、わざわざあいさつの電話をくれたのはアメックスだけでした。その明らかな違いに、あこがれ続けて来たアメックスのカードホルダーになれたことを誇りにすら感じたのです。

たった一本の電話が、それを手にする人をこれほどまでに幸せな気分にさせてしまう…。その手間こそが、企業ブランドを創り上げて行くことでもあるのです。まだカードを手にもしていない人の心を鷲掴みにする電話です。

通販もよく利用します。10万円を超える商品でも普通に購入する時代です。それぞれの商品に問題はありません。満足していますが、いつもそれだけなのです。

日々たくさんの商品が売れる通販会社にとっては、問い合わせに対しての電話部門はあっても、商品が届く前に初めてのお客さまへ「あいさつコール」をするだけの余裕はないというのが現実なのかもしれません。

目の前の商品を改良し、問い合わせ電話の対応力を高める。これを「進歩」と言います。しかし、その「進歩」の先に何があるのでしょうか。終わりのない競争です。

だからこそ「進歩」から『進化』へ大きく目標を変更すべきなのです。薄利多売のビジネスは、常に価格の優位性がなければなりません。

ビジネスとは、繰り返しご利用いただけるお客さまを創り続けることです。少なくともメーカー通販では、これからすぐにでも、商品が届くことをワクワクと楽しみにしてもらえるお客さま創りにチャレンジしましょう。「創客」への第一歩を踏み出すべきです。

日々たくさんのお客さまとの取引があるので、現実的に対応は難しいのかなとは思うけど、それは結局企業側の都合でしかないんですね。お客さまも仕方ないとあきらめちゃっているし。それが当たり前ではいけないと思います。問い合わせへの対応力も大切ですが、その向上は進歩であって、事前の連絡等を含めての『進化』を考える必要がありますね。

53

６年後のプロポーズ

~感動の数が、両手でも足りません~

経営者の皆さんを、私の大好きなレストラン「カシータ」に誘った時のことです。

スタッフの人に席までの案内をしてもらう時、新潟から参加した人が目を輝かせながら両手の指を折っているのに気付きました。

「どうかしましたか?」とお聞きすると、

「西川さん、もう感動がいっぱいですよ! 数えていたら、両手で足りないんです!」

とても素直な人で、逆に私の方が胸いっぱいになったくらいです。「足りなければ、私の指も貸しますよ」と私が言ったら、皆さんが「俺のも貸すぞ！」と…。そんな愉快な食事のスタートでした。

そして、「西川さん、決めました」またその人が突然声を上げました。「何をですか？」と聞くと、「私、ここでプロポーズします！」と素晴らしい笑顔でおっしゃったのです。そこにいた皆さんが、

「おめでとう！　それはいい。君の感性は、素晴らしいぞ！　きっと成功するよ。で、いつするの？」と、誰もが彼の選択を称賛したのです。でも、その後に大爆笑が起こりました。

「まずは彼女を探さないと…」

その後、その人とも逢う機会がなく、すっかりそんなエピソードも記憶の底になっていた6年後のことです。その人から突然連絡がありました。

「西川さん、カシータの予約を取ってくれませんか？」

「もちろん、いいですよ。何人ですか？」そう聞くと、

「二人です」という言葉に、「ひょっとして？」。すると素晴らしい笑顔が思いうかぶ声で、

「はい！　実は、プロポーズをしたい人ができたんです！」とのこと。感動しました！　あの日の夢をずっと心の中に持っていてくれたんですね。もちろん、当日は私もこっそりと大阪からお祝いに駆けつけました。彼の驚く顔もちょっと見たくて…。

プロポーズに適したレストランは他にもたくさんあるでしょう。ましてや、わざわざ新潟から東京まで来なくても。6年の間に彼も多くのお店と出逢ったと思います。

そんなお店の多くは、「プロポーズしたい」と言えば、いろいろと協力してくれるかもしれません。それでも、彼はなぜ、6年経っても「カシータで」という夢を忘れなかったのでしょうか？

それは、「感動」が人をリピートさせる力だと信じて、お客さまに喜んでもらいたいと毎日真剣におもてなし行動を続ける「人」の姿が記憶に深く残っていたのだと思います。

すべての努力がこうした結果として報われるわけではありません。しかし、自らの行動を疑うことなく、まっすぐに真剣にやり続けるからこそ、こんな奇跡のリピートが起こるのです。決して、奇抜なサプライズだけが人を引き付けるわけではありません。

食事が始まる前に、すでにお客さまの心を掴むおもてなしで、本来楽しむ食事時間を「より豊かな時間」に変えているからこそ、その過ごす時間がさらに感動にあふれる時間となっていたのです。

お客さまに喜ばれる以上に感動を！　といつも考えていました。でもそれは、サービスを提供する中でのことです。食事が始まる前に、大切なプロポーズをする場所に選ばれるなんて、すご過ぎです。

しかも6年もの間、お客さまの心にそのおもてなしを刻み込むなんて…。本当にビックリです。本来の商品であるサービスが始まる前に、その価値って決まっちゃうものなんですね。

54

出逢う前にその後の価値が決まる

〜他社もやっていないから…
私たちはどちらを選ぶ？〜

必要な連絡は、携帯電話でやり取りをすることがほとんどです。航空会社やホテル予約の連絡先として携帯電話を使っています。しかし、それらの企業から電話が来ることはまずありません。

ある日のこと。13時頃に見知らぬ番号から電話が入りました。普段は、登録していない番号からの電話を取ることはありませんが、その日に宿泊を予定していたホテルの市外局番だったので、出てみました。

予想通り、そのホテルからの連絡でした。そのホテルには何度か泊ったことはありますが、リピーターというほどの回数ではありません。

何かの確認だろうかと話を聞くと、

「今日はご予約をいただいており、ありがとうございます。実は、ご予約の時に伺っていた西川さまのご到着予定時刻に、海外からの大きな団体が到着されることになりました。混み合うことが予想されるので、急ぎ西川さまのお部屋の準備をさせていただきましたが、早めにお越しいただくことは可能ですか？」ということでした。

ありがたい連絡だとは思いましたが、仕事の都合で早めに到着できない旨を伝えました。

そして、ほぼ予定通りの時刻にホテルに到着してみるとフロント周辺は大混雑で、ガヤガヤとうるさいくらいの声がロビーに響いていました。

「参ったなぁ…」と少し離れた場所で待っていると、私に気付いたスタッフが近づいて来ました。

「チェックインのお客さまでしょうか？」と恐縮しながら声をかけて来たのです。「はい。西川で

す」と答えると、
「西川さま、大変ご迷惑をおかけいたします。別の場所にキーを用意しておりますので、こちらにどうぞ」と案内されて、スムーズにチェックインを終えることができました。

よく利用する宮崎観光ホテルからは、宿泊予定日の2日ほど前には電話が入ります。
「西川さま、今回もご予約をいただきありがとうございます。ご変更はありませんか？　何かお手伝いのできることがありましたら」と聞いてくれます。

もし当日に聞かれて、情報がなくて答えられなかったらどうしようか。到着までに調べることができたら、お客さまの旅をより良いものにできる。そんな想いがそこにあるはずです。

仮に、何か買いたいものがあり、帰りに買うつもりだったとします。しかし、帰る日がその店の店休日ということもあるでしょう。

事前に分かっていればそうした情報をお伝えして、到着日に購入いただくことのおすすめもできます。

宿泊業において、そこまでのことが必要なのかと問われると絶対に必要とは言いません。

しかし、到着されてから出発までの時間だけをビジネスと考えるのではなく、お客さまが宿泊される目的等を考えて、少し広い意味でお手伝いができたら、また来てくれる可能性を高めるおもてなしになるのです。

ホテルに予約を入れると自動返信で「ご予約いただきありがとうございます」というメールが来ますが、これって本当にどこも同じ様な文章で、間違いなく予約が取れたという確認用に過ぎませんよね。
でも、どこかで感じていたんです。ワクワク感って何もないし、こんなものかなぁって。でも、それが当り前じゃいけないんですね。到着前に楽しみを届けないと…。それってプラスの業務ではなく、やらなければならない仕事そのものだと思えて来ました。

55

出逢う前にお客さまを知って おもてなしを準備する

~たった一度の出逢いで お客さまの心を掴むことに真剣になれ~

拙著『「感動サービス」を翻訳する!』を読んでくれた旅館の社長から講演の依頼をもらった時のこと。

「講演は夕方からお願いします。その日は、ぜひご宿泊ください」という連絡をもらいました。翌日の予定を調べると、朝早くに旅館を出たら、翌日の仕事に間に合う電車があったので、お言葉に甘えることにしました。

駅まで迎えに来てくれて、旅館に到着した後、講演までの時間を部屋で休憩させてもらいました。私にとっては講演前のこの時間は、とても大切な時間です。

講演を頼まれてから、どんな内容の話をするか時間をかけて考えますが、最終的なイメージを固めるのがこの時間です。

そして、用意してもらった部屋に入った時のこと。

「良かった！　この旅館に来ることができて本当にうれしい」と、身体が震えるくらいに感動しました。

その部屋には、私の大好きな曲「Hilary Stagg」が静かに流れていたのです。

講演の後、社長と食事をしながら尋ねてみました。

「部屋に流れていたあの曲は、いつも流しているのですか？」すると、

「西川さん、東京のカシータによく行かれますよね？　実は、私もカシータのファンなんです。お店に行った時に流れていた曲は、私どもの旅館にぴったりと思って購入しました。気に入ってもらえましたか？」

拙書を読んでくれて、同じレストランのファンであることを知っての演出でした。費用をいた

だいて、講演の仕事をさせていただくのは私です。それにも関わらず、最幸のおもてなしで迎えて下さる社長に一瞬にして心を掴まれてしまいました。

「個」へのおもてなしの力をここでも実体験できたのです。講演する私が、逆に大きな学びの機会をもらいました。

各所の講演に招かれて、名刺交換した時に、その名刺を見ながら「西川さんは、大阪なんですね？」と言われることがあります。

ご本人には、まったく悪気はなく、いつもそうしている様に、名刺に書かれた情報から会話を始められたのでしょう。しかし、正直、ショックでした。

講演に呼んでくれたことは感謝していますが、名刺交換してはじめて私の事務所が大阪にあることを知られた様な気がしたのです。

突然訪ねて行ったわけではありません。何ヶ月も前に依頼をもらった講演です。逆に、私は、以前から親しくしている人にスタッフを紹介するために訪問する時には、事前に多くの情報を話すようにしています。くどいくらいに…。

それが役に立つかどうかではなく、お客さまを知り、自分のお客さまとして逢ってもらいたいと思うからです。事前の情報がなければ、相手を想うおもてなし行動を実行することは難しいでしょう。

身に付けたスキルで最幸のおもてなしができたとしても、相手をちゃんと知って考えた「個別のおもてなし考動」とは、お客さまに残す感動に大きな差が生まれるのです。

平等に、全員に、と考えてしまうから、創客って難しいと思ってしまうのかもしれませんね。私たちもビジネスをしていると考えたら、全体の満足度は大切ですが、少しずつであっても日々の営業活動の中で、創客をしなければならないんですよね。

今日は何人創客出来たかな？って。そのための準備にはものすごく価値があるように思えます。「個」へのおもてなしこそが、本当の「おもてなし経営」を実現する！か…。大切な基本ですね。

10章 上位客を逃さないおもてなし

~創客後のおもてなしがビジネスを広げる~

56

せっかく集客できても、その後の対応でお客さまは去っていく

～「もの」でつなぐのではなく、人で絆を創る～


それは、非常にショックな光景でした。

羽田空港に到着した時のこと。「マイルは貯めていますか?」と声をかけられました。モノレールの改札に入っても、やはり声がかけられます。クレジットカード会社の会員獲得のための営業活動です。

キャッシュレス化が進む時代です。より多くのカードホルダーを獲得することが、企業戦略に

とって大切なことは分かります。年会費の収入もそうですが、それ以上にカードを利用してもらうには、まずはカードを手にしていただかなければ何も始まらないわけです。

しかし、誰にでも声をかけている姿は、長年そのカードのホルダーである私にとっては残念に思える光景でした。

親しくしている人から、「プラチナカード会員になりませんか？」と、誘われました。年会費はそれなりの高額でしたが、法人カードで入会するとスタッフのカードも無料で作ることができるということだったのでお願いすることにしました。

その時に聞いた話では、「コンシェルジュデスクに電話して、ホテルや予約が取りづらいというレストランなどの予約にも利用してください」ということでした。

ちょうど仕事で、おもてなし力調査を始めていて、2年先まで予約がいっぱいというレストランに行ってみたいと思っていたので好都合でした。

カードが届いてすぐに、コンシェルジュデスクに電話をかけました。そこには、確かに素晴らしい電話応対がありました。

しかし、残念ながら希望したレストランの席は取れないということでした。提携店ではなかったのかと、その時はあきらめました。

別の機会でのこと。お店を指定しても提携店でなければ、個人で予約するのと変わらないのならと、今度は「フグでおすすめの店」を予約してほしいと連絡をしてみました。

さすがです。単に持っているデータの中からおすすめ店を伝えるのではなく、場所や予算感、利用目的などが聞かれました。これは期待できると、後程送られてくるメール連絡を楽しみに待ちました。

ところが、しばらくして届いたメールを見て、ガッカリしてしまったのです。そこには5軒のフグが食べられるお店が書いてありました。お店の名前、場所、そのお店のURLが貼り付けてありました。

URLを開いて、一軒ずつ見てみました。確かにそれなりの店で、良い印象を持ちました。

しかし、審査のある一般的クレジットカードの中では最上位クラスとされるカードステータスのホルダーの期待には、応えることができていません。

他にも良い店が別にもあるのではないか？　という疑問が湧いてきたのです。多すぎては迷うだけ。少ないと「これだけなのか」と思ってしまいます。3軒から5軒程度が情報量としては適切なのですが、絶対に必要な要素がそのメールにはなかったのです。

それは何でしょうか？　そのお店をすすめるコンシェルジュの言葉です。もっと言えば、そのお店を私、西川にすすめる理由です。それがあれば、1軒でも十分だったのです。

カードホルダーを増やして、メインカードとしてたくさん使ってもらうために、クレジットカード各社は、ポイント付与や利用できお店の充実など、メリット提供に一生懸命です。

しかし、そのカードの長期ホルダーを創造していくには、コンシェルジュデスクの「人」の対応力を高めることが必要です。お客さまがカードを使えば使うほどその好みを知り、提案してくれる秘書のような存在です。

そこに最上位クラスのカードホルダーが望むおもてなしがあると思うのです。

その価値が創造できなければ、上位客が去り、新しい特典に釣られて他社カードに乗り換えるその場限りのユーザー対象のビジネスになってしまうのではないでしょうか。

集客することやポイントなどの「もの」で会員を引き留めようとしても、結局、利益を削ることにつながってしまいますもんね。それよりも、「人」による対応力を充実させれば、「こと」としての価値が生まれます。よく分かりました。

人にはコストがかかるけど、他社と同じように「もの」にかけるより、これからは「人によるおもてなし」で選ばれる価値を創造して行かなければならないということですよね！

57 寂しさを感じた時にお客さまは去っていく

～リピーターには、初回客と変えた対応を～

はじめてそのサービスを受けた時に感動してから、その企業をよく使うことになりました。月に5、6回くらいの利用ですが、早朝に空港に向かう時にお願いするタクシー会社です。雨が降る日も、傘を差してタクシーから出て迎えてくれる立ち姿は、毎回ここにお願いをして良かったと誇らしく感じるほど美しいものでした。

「あんなタクシーに乗るんだ？」と恥ずかしくなる様なドライバーだと困ります。

車内でのあいさつや質問も毎回変わらず正しく実行されています。厳しい研修を受け、どのドライバーであってもハズレのない基本行動がしっかりできているのです。

しかし今は、そのタクシー会社を利用することはありません。利用回数はわずかですが数年間利用し続けました。なぜ利用しなくなったのか？　それは、これから仕事に向かうという大切な朝に、不快な思いをしたくないという理由からです。

使わなくなったのは、突然のことではありません。不快に感じることを何度もドライバーや電話オペレーターに伝えましたが、結局私の声はその企業に届かなかったのです。

一般的なタクシー会社と比べると高い接客力があります。初めて利用する人は、私と同じように感動すら覚える行動の数々です。

しかし、リピーターへの対応が、企業としてほとんど実行されていません。毎回、電話や車内で同じことを聞かれ、答えることに苦痛を感じたのです。

簡単な質問です。答えることに悩むようなものではありません。でも、何度利用しても、その対応は丁寧ではあっても、初めての利用から何年経っても、初回客と同じ質問が毎回繰り返されるわけです。

「どちらまでのご利用ですか?」と電話オペレーターに聞かれます。私は、空港に行く以外で、自宅に配車を頼んだことは一度もありません。ドライバーも毎回、「ご指定の道はありますか?」と聞いてきます。

電話オペレーターもドライバーもその都度変わり、彼らにとっては、私はいつまでも初めての客なのです。

今は別のタクシー会社に頼んでいます。

前社のような洗練された対応はありませんが、電話オペレーターは、「大阪空港までで、今回もよろしいですか?」と、利用記録からの言葉と共に、「いつもありがとうございます」と気持ちの良い会話をしてくれます。

確認すべきことは、その都度確認しなければならないことに間違いありません。

しかし、確認の仕方が初めてのお客さまと同じであって良いはずがないのです。お客さまがその企業の利用をやめる原因の一つは、大きなミスがあったという場合だけでなく、リピーターと認められた対応をしてもらえない寂しさにあるのです。

それは特に自分が大切にしたい企業であればあるほど強いものです。

ここにこそ「おもてなし考動」を実行すべきなのです。

日々の業務の中で創客ができたとしても、気付かない内にお客さまがどんどん去って行くというビジネスでは、あまりにも悲しいと思います。

「領収書を下さい」そんな言葉を毎回、リピーターに言わせていませんか?

顧客データとは企業側の都合で使うものではなく、お客さまへの対応に活かすべき財産であると考えます。

ドキッ。接客において丁寧な対応ばかりに気が行ってしまって、リピーターへの対応までは考えていなかったかもしれません。こんな小さなことの積み重ねがお客さまにストレスを感じさせていたなんて…。

しかし、どのお客さまがリピーターか分からないからとか、ここでもまたできない理由を考えてしまうものですね。「まずは始めてみる。やり続ければ、上手くなる。続けていれば別のやり方が見えて来る」でしたね!

58 ずっと待っていてくれたんだ

〜逢いたかったという想いをどう表現していますか?〜

「西川さん、ようやくお越しいただけるお店ができました。ぜひ来て下さい」

数年前まで、毎月のように訪ねていたレストランのシェフからのうれしい連絡でした。新しい店をやりたいと、私が通い続けていた店をクローズしてから3年近く経ったある日のメールでした。

その間も連絡は取り合っていましたが、国内外でたくさんのレストランのプロデュースをされていて、なかなか拠点となる自分の店が持てないという話を聞いていました。

すぐにでも逢いに行きたい。そんな想いから予約をしました。

ところが、急な出張予定の変更で、残念ながらキャンセルしなければならなくなったのです。

次こそはとお願いした日も同様に行くことができませんでした。


そして、3回目。ようやく夢が叶って、約3年ぶりにそのシェフの料理をいただくことができたのです。変わらず美味しい料理と楽しい会話に、心もお腹も十分に満たされた頃。

「西川さん、まだ大丈夫ですよね？」と笑顔で懐かしい言葉をかけてくれました。

「もちろんです」と応えてはみたものの、「食べられるかな？」と若干の不安はありました。そして、出されたお皿には、美味しそうな肉料理が盛り付けてありました。

何という料理なのだろうとメニューボードを見上げていると、

「西川さん、メニューにはないですよ。西川さんのために用意した特別料理です」

その言葉に驚き、思わず感謝で手を合わせたくらいです。それは、本当に美味しい鹿のランプ肉でした。柔らかく、レアーに近いにもかかわらずナイフを入れても血が出ません。

聞いてみますと、低温で何時間も下準備したそうです。

「見てみます？」と声をかけてくれて、その肉の塊を冷蔵庫から持って来て、笑顔で見せてくれました。肉の塊が入ったビニールを見た時に、思わず涙があふれるぐらい感動をしました。

そこにはなんと、「西川さん用」と書かれていたのです。何日も前から私が行く日のために用意をしてくれていたのです。その想いに胸がいっぱいになりお店を後にしました。


ホテルに帰ってから思いました。

過去2回、予約をしながらも急な出張で行けなかったのです。ひょっとすると、その日にも同じ様に何日も前から私のためになかなか手に入らない肉を手配して、手間のかかる料理を準備して下さっていたのかもしれません。

そのおもてなしを感じた時に、またあふれる涙が止まりませんでした。


おもてなしとは、個を想う行動です。

それは、自らの動作、振る舞いを美しく、あるいはカッコ良く見せるような行動などではありません。ましてや自分の行動を良く見せるためのものでもありません。

真に相手を笑顔にする行動とは、相手を想う心から生まれるのです。
そして、その行動こそがお客さまの記憶に残るものとなるのです。

報われないかもしれない…しかし、そのお客さまに逢いたいという個への想いを強く持ち、準備をしっかりとしておくことによって、その感動は何倍にもなるということですね。つい、そんなことをしても仕方ない、手間がかかり過ぎてしまう、という風に考えてしまいますが、すべての人に出来なかったとしても、この人にはというお客さまから始めたらいいですよね。一年で３６５人の熱烈なファンを創ることが出来る訳ですね。

59

個客管理で上位客の心を掴む

～お客さまに真剣になれば工夫が生まれる～

サービス力や技術を高めるためにスキルアップしたい。誰もがそんな風に「仕事」に一生懸命です。

そんなシーンに出逢う度にうれしく、尊さを感じています。

でも、仕事に一生懸命になればなるほど、実は困ったことが起きます。できない事に対して、言い訳が出て来ます。

「そこまでやる必要性はない」「できる訳がない」などと、できない理由を探して、自分自身の行動を正当化することに一生懸命になってしまうのです。

そして、精一杯やっている自分を評価してくれないお客さまをいつの間にか、無理なことを言う変な客やクレーマーにしてしまうのです。しかし、仕事にではなく、お客さまに真剣に向き合えば、できないことを何とか実現したいという工夫が生まれてきます。

「お客さまのお名前を呼ぼう」とセミナーやクライアント企業では話し続けています。それは私たちが個客と認めたお客さまに特別感を感じてもらい、心地好さを提供するための最幸の営業術だからです。

でも、現場からは、いろんな話が出て来ます。「そこまでしなくても」「名前を呼ばれることは、私は嫌だ」という人もいます。

そんな時には、こう話しています。例えば、何年も通い続けている美容室があるとします。予約を取って、その時間に行った時に、

「いらっしゃいませ。お客さま、今日はどの様にいたしましょう?」

と、隣に座っている初めてのお客さまと同じ声かけだったら悲しくないですか?

すると、「確かにそれはないかなぁ…」と皆さん言います。

つまり、自分が好きなお店では、名前を憶えてもらえることには喜びを感じますが、それほど親しくないところでは、馴れ馴れしく名前を呼ばれると違和感を持つということです。

また、ショップなどでは、構わないでほしいという声もあります。必要になった時に私から声をかけるから…と。実際に私もそう思うことが多々あります。

でも、やはりお気に入りの店やよく行くお店で、声をかけてもらえなかったら寂しさを感じるのも事実です。

あなたは大切なお客さまにとって、どちらのお店でありたいと思いますか？　名前を呼んでも、うれしいと感じてもらえる店をおもてなしで目指すべきです。

年2回各地で開催している「おもてなしセミナー」を迎えるというある日のこと。

週末に開催地に向けて事務所を出発したその日に、携帯に一本の電話がありました。長くお世話になっている美容室からでした。

「西川さん、明日一枠取っていますが、お越しいただけますか？」というものでした。その瞬間に私は、営業されたと感じたでしょうか？　いいえ、うれしくて感動しました。
実は、いつもはセミナー開催前の週末に、仕事の合間を見付けて、「今から大丈夫？」と電話して、髪を切りに行っていました。しかし、その時は出張が重なって、どうしても時間が作れませんでした。そんな私のためにわざわざ電話をくれたのです。

その理由は、
来週は西川さんのセミナーだから、恐らくこの週末には電話があるだろう。でも「いつも以上に予約が入って、当日に連絡をもらってもカットできないかもしれない。一枠取って、こちらから電話しよう」
というものだったのです。

一般的には、「急に電話をもらっても混んでいるからカットができなくても仕方ない。余裕を見て連絡して来ないお客さまが悪い」となりがちですが、それを、予め一枠取って案内してくれたのです。
お客さまに向き合うことで生まれた工夫です。

そして、これこそが馴染みのお客さまのために仕事をするというおもてなし行動なのです。もちろんこんなお店で、名前を呼ばれることに抵抗感を持つ人はいないでしょう。

忙しいお客さまに販売者側から電話を入れると嫌がられることが多いんじゃないかと思っていましたが、確かに自分の好きなお店からのこんな電話ならうれしいものですね。気にかけてくれたんだ！　ともっと好きになっちゃうかもしれません。

60

無駄の積み重ねが効率的な創客を実現する

～ずっと待っていてくれたメッセージカード～


打ち合わせ後の、楽しい懇親会が終わりました。

出張続きの上、お客さまと食事をする機会も多くなっていたので、少し疲労感がありました。

ホテルまでタクシーで行って、早めに休もうと思っていました。

でも、宿泊するホテルの最上階には、私の大好きなお店が入っています。オープン以来、そのレストランに行くために、毎月の様に泊まっているぐらいです。

この数ヶ月間、行っていないことが何となく気になりました。部屋に入ったら、出るのが億劫になってしまうかもと、ホテルに到着してそのままレストランに向かうことにしました。

入り口で顔を見るなり、「西川さん、お帰りなさい！」そんな温かい言葉で迎えてくださるレストランです。

「カウンターでコーヒー一杯だけいただきます」と声をかけると、すぐに案内してくれてカウンターに座りました。そこに私を待っていてくれたものがありました。

「西川さん、お帰りなさいませ。仙台出張お疲れ様でした。今夜もゆっくりとお寛ぎいただけます様に…」というメッセージカードがランプの横にそっと置かれていたのです。

ホテルに宿泊の予約は入れていたので、泊まることはホテルから連絡が入っていたかもしれません。でも、宿泊しても、夜遅いチェックインが多く、立ち寄れないことが度々ありました。

ましてや、今回は久しぶりでいつものように夜遅くになっていました。

もちろん、私が行くとは事前に連絡していません。

席が空いていなければ顔だけ出して、部屋に入ろうと思っていたのです。そんな来るかどうか分からない私を、そっと待ってくれていたメッセージカードでした。

そう思うと思わず言葉に詰まってしまいました。こんなことをされたら、また来たくなります。それが「レストランカシータ」のおもてなしなのです。

「行きますよ」と連絡して訪ねた時にもそのメッセージカードはいつもありましたが、今回は突然の思い付きでの行動でした。


考えてみました。いつ来ても対応できる様にメッセージカードを準備していたのか？　いいえ、「仙台出張お疲様でした」というメッセージ内容は明らかにその日だから使えるものでした。

では今日は来られるかもとたまたま思って用意してくれていたのでしょうか。その答えが頭に浮かんだ時に、ついに堪え切れなくて、涙を流してしまいました。

きっといつも宿泊の予約を入れていた日には、こうして用意してくれていたのではないだろうか。毎回待ち人来たらずで、待ちぼうけばかりのメッセージカードだったことでしょう。無駄になることの方が多いかもしれない。

でも来られた時にはきっと喜んでくれるだろう。その瞬間のために多くの無駄な時間を使う。ここにおもてなしの極意があります。

ビジネスの目的は、創客です。

一つの感動が創客につながるとしたら、これ程効率的な営業はありません。スタッフも楽しみながら、お客さまが感動するその光景を想像しながら、ニコニコとそのメッセージカードを創ってくれていたに違いありません。

「わぉ！」と奥のテーブルの方から声が聞こえました。また何人かのリピーターがこの瞬間に生まれたのでしょう。

無駄なんてないんですね。その行動を無駄にしている自分がいるだけで、やったつもりのおもてなしが多いということに気が付きました。

もう一歩お客さまのことを考えて、一つひとつの行動に想いを込めれば、メッセージもかける言葉も相乗効果を生んで、大きな感動につながるんですね！

まとめ

「おもてなし」とは、一期一会の想いを持ってお客さまに接することです。

偶然かもしれないその出逢いは、正に**「奇跡の出逢い」**です。そのたった一度の出逢いを、次の必然にする行動こそが「おもてなし」なのです。

それは研修などで身に付けたマナー的な所作では決してなく、相手を想う心のこもった言葉や行動です。

「おもてなしとは想ってなすこと」。相手を想う心が大切です。

そして、最も大切なことは、「おもてなし」とは、一人ひとりのお客さまによって、その言葉も行動も変えなくてはならないということです。

顧客対応を超えたところにある**「個客対応」**です。

それを実現するためには、**「個客情報」**が重要です。

これまで以上にお客さまに強い興味を持って、宝となる「個客情報」を手に入れましょう。

「個客情報」という襷《たすき》を、他のスタッフにもつないでいきながら**「おもてなしのバトンリレー」**を楽しみましょう。

さらに、これまで当たり前と思い込んでいたことを一旦忘れて、ただひたすらにお客さまを笑顔にする行動を考えて、新しい**「おもてなし考動」**を見つけ出せた時が、きっとあなたの**「おもてなしで一番になる！」**という夢への扉が開く時です。

一歩一歩と歩みを進めて、ビジネスにおいて最も大切な**「創客」**という目的を実現して行きましょう。現場でキラッキラの笑顔で頑晴るあなたにいつの日かお逢いできる日を楽しみにしています。

あとがき

「仕事をしていたら、苦しいこともある。辛くて、投げ出してしまいたくなることもある。上司の言葉にめげちゃうことなんてしょっちゅう。でも、私、やっぱり、おもてなしで一番になりたい！　おもてなしって楽しい！　わくわくする！」

「そして、お客さまからの言葉に、感動で胸がいっぱいになって泣いちゃうことだってある。この仕事をしていて本当に良かった。ずっと続けていたい。もっともっと人を笑顔にしたい。元気になってもらいたい」

そんな皆さまを応援したい！　という想いでこの本を書き上げました。

人口の減少が止まりません。働く人がどんどんと減って行く中、いわゆるＡＩ化が進み、ほとんど人と話さなくても、何でもできるようになってきました。直接お店に行かずにインターネットで買い物ができる。航空券も高速バスやＪＲの切符も同様です。

コロナ禍の中、人と接することや移動が大きく制限されて、オンラインなどを活用したテレワークでの仕事が急速に進みました。オフィスすら必要のない時代を迎えようとしているのかもしれません。

しかし、人が人と接する機会をなくしたら、人が人を想う心も決して育ちません。そんな社会、日本にしてしまっていいのでしょうか？


東京オリンピックの誘致の際に世界に向かって、日本はおもてなしの国であると発信し、ラグビーのワールドカップの時にも、そのおもてなしは世界の人々から高く評価されました。

しかし、ビジネスの世界においては、そのおもてなしは、まだまだ未成熟であると感じています。笑顔や所作といった行動だけが先行して、そこには真にお客さまへの想いが感じられないことが逆に増えて来たようにも思います。

さらに、コロナの影響を受けて、「おもてなしは、もはや必要ない」とまで言われはじめました。

私自身30年近く、おもてなし、ホスピタリティについて語ってきましたが、今私たちの誇るべき「おもてなしの想い」は、本当に危機的状況下にあると痛感します。

そんな中で、「西川さん、２冊目はまだですか？　今ですよ。今こそ書いて下さいよ」と、声をかけて下さったクライアント企業、パートナー企業の皆さま。

その声に大きな勇気をいただいて、ようやく重い腰を上げることになりました。本当に感謝です。

書き始めてみるといろんな迷いが出て来ましたが、「大丈夫です。西川さんのおもてなしの翻訳は、誰にもマネできませんよ」と力強い言葉をくれながら、原稿の校正などにも力を貸してくれた宮内直哉、植野学の両スタッフに感謝です。

今回もたくさんの気付きや感動を下さった多くの企業やお店の皆さまに感謝です。

出版に当たってお力添えをいただいた、ごま書房新社社長の池田雅行氏に感謝です。

そして、本書を手に取り、最後まで読んで下さった全ての読者の皆さまに感謝です。

2008年の秋、出張から帰った私は、その日夜遅くに流れていたあるニュースを見て、背中を押されるようにある決断をしました。翌日にはそれを実行したのです。

ニュースで流れていたのは、100年に一度の金融危機、後に「リーマンショック」と言われるものでした。そして、実行した事とは、前職の会社に退職願いを出したことでした。

その夜に自宅に帰り、家内にそれを伝えた時の言葉を忘れることができません。

「分かった。で、私は何をすればいい?」

涙が出るくらいにうれしい言葉でした。ずっと私を支え続けてくれる家内と娘たち家族にあらためて感謝です。

「おもてなし実体験の旅」は、まだまだやめるわけにはいきません。このコロナ禍では、まだ移動が思うようにできませんが、逢いたくて逢いたくて仕方なかったお客さまが目の前に立たれた時に、どんなおもてなしが今の現場で実行されているのか…。

やはり確かめに行かなくてはなりません。「行ってきます!」次にお逢いできる時を楽しみにしています。ありがとうございます。感謝です。

接客・サービスの翻訳者　西川丈次

＜著者プロフィール＞

西川 丈次（にしかわ じょうじ）

1961年京都府生まれ。
㈱観光ビジネスコンサルタンツ代表取締役。
おもてなし経営研究所所長。

おもてなし、ホスピタリティの伝道師として、年間300日以上、全国各地を巡る中で、実体験した感動サービスを伝える『接客・サービスの翻訳者』。講師を務めたおもてなし講演、セミナー、研修の参加者は延べ1万人を超える。「おもてなし経営研究所®」の所長として主催するセミナーの開催は10年を越え、接客業の現場で実践できる『西川流おもてなしの極意』を知りたいと、全国からファンが集う。業界・業種を問わず、リアルな体験からのおもてなし事例を、分かりやすく、楽しく、熱く、伝えることが信条。
また、観光専門の経営コンサルタントチームを率いる業界のスペシャリストとしても活躍中。旅行会社勤務の後、大手コンサルティングファームに入社。17年間、観光業チームのリーダーコンサルタントを務める。2009年1月に㈱観光ビジネスコンサルタンツを独立起業。『関わる全ての人の笑顔のために』という企業理念を掲げ、エネルギッシュに活動中。

●執筆活動
- 「感動サービス」を翻訳する! ごま書房新社
- 「旅行会社のおもてなし経営 VOL1.2.3」電子書籍
- 週刊トラベルジャーナル「今日からできる120%予算達成術」（2008年～連載中）
- 旬刊 旅行新聞「もてなし上手」（2011年～連載中）

●その他
- 「You Tube」にて「おもてなし de 一番チャンネル（おもチャン）」を配信中
- 「おもてなしセミナー」年2回各地にて開催

■講演・企業研修の問い合せは：＜ mail:info@tourism-biz.com＞までお願いします。

私、『おもてなし』で一番になると決めたからネ
—感動サービスを実践する!—

2020年9月10日　初版第1刷発行

著　者　西川 丈次
発行者　池田 雅行
発行所　株式会社 ごま書房新社
〒101-0031
東京都千代田区東神田 1-5-5
マルキビル 7F
TEL 03-3865-8641（代）
FAX 03-3865-8643
カバーデザイン　（株）オセロ 大谷 治之
DTP　ビーイング 田中 敏子
印刷・製本　精文堂印刷株式会社

ISBN978-4-341-08770-8 C0030

ごま書房新社のホームページ http://www.gomashobo.com